Extrait du Bulletin de la Société Nivernaise des lettres, sciences et arts

LE
COLLÈGE DE NEVERS

1521-1860

PAR

M. Edmond DUMINY

NEVERS,

G. VALLIÈRE,

IMPRIMEUR DE LA SOCIÉTÉ NIVERNAISE

24, Avenue de la Gare.

1907

Extrait du *Bulletin de la Société Nivernaise des lettres, sciences et arts*

LE
COLLÈGE DE NEVERS

1521-1860

PAR

M. Edmond DUMINY

NEVERS,

G. VALLIÈRE,

IMPRIMEUR DE LA SOCIÉTÉ NIVERNAISE

24, Avenue de la Gare.

1907

LE COLLÈGE DE NEVERS

1521-1860

En l'année 1521, il n'y avait à Nevers « nulles
escholles de valleur » et les habitants qui désiraient
faire instruire leurs enfants étaient obligés de les
envoyer étudier au dehors. Cette situation, et les
plaintes qu'elle amenait de la part des parents, ému-
rent les échevins, qui résolurent d'acheter une maison
pour y installer une école dans laquelle l'enseignement
serait donné sous leur surveillance et sous celle de
l'écolàtre. Leur choix se porta sur la maison de Jean
Chevaul, près de la Chambre des comptes, dont, après
avoir pris l'avis de l'écolàtre, de l'official, du lieutenant-
général et des notables bourgeois de la cité, ils firent
acquisition, moyennant la somme de « huit-vingt-dix
livres tournois ». Comme elle était grevée d'un bordelage de six livres et une géline, au profit du chapitre
Sainte-Croix d'Orléans, ils achetèrent pour « huit-
vingt livres », de Rollet Planchon, une autre maison,
sise rue de Château, sur laquelle les chanoines
d'Orléans consentirent que fût transporté leur bordelage (1).

L'école ne resta que cinq ans dans la maison de
Chevaul, qui, en 1526, fut échangée contre celle que

(1) Archives communales de Nevers, CC, 95.

Léonard Dupontot, chevalier, bailli du Nivernais, possédait près du puits des Ardilliers et qui était connue sous le nom de maison de Veaulce. C'est dans cette dernière que fut transféré l'établissement d'instruction, qui prit dès lors le nom de collège, c'est là qu'il est demeuré jusqu'à nos jours (1).

Le premier principal fut Pierre de la Foi, qui prit l'engagement de rester pendant trois ans à la tête de la maison, à compter du 18 juillet 1527, moyennant une pension annuelle de vingt livres. En outre, à son entrée, la ville lui donna six tonneaux de vin, quinze quartauts de froment et quinze mesures de bois à chauffer « pour la nourriture de luy, ses régens et domestiques pour un moys » ce qui coûta 51 livres 10 sols 3 deniers (2).

Dès que le collège eut été installé dans ce nouveau local, on y ajouta une chapelle pour le service des écoliers et dans laquelle, au mois de mai 1528, Etienne de Maintenant, bourgeois, et Jeanne Garnier, sa femme, firent fondation « d'une messe perpétuelle chacun jour, à l'un et l'autre suffraige... qu'ils entendent estre dicte et célébrée aux jours fériés et du commandement de l'Eglise, haulte, et aux jours non fériés, basse, à heures convenables, et à l'yssue de chacune desd. messes, par le prebtre qui aura célébré, dit les pseaulmes *De profundis*, avec les collectes et oraisons des trépassez à la dévotion du célébrant ». Pour l'exécution de cette charge, les fondateurs firent don d'un bordelage de 42 livres et 3 gélines. La bénédiction et la dédicace de la chapelle furent faites en 1530, par Philibert de Beaujeu, évêque de Bethléem (3).

(1) Archives de Nevers, GG. 151.
(2) Archives de Nevers. CC. 400.
(3) Archives de Nevers, GG 151 et CC 103.

Pierre de la Foi eut pour successeur Louis Fléau, qui reçut de la ville trente livres à son entrée ; il exerça très peu de temps et abandonna complètement le collège.

On songea alors à confier l'instruction à l'un des plus célèbres professeurs de Paris, Mathurin Cordier, l'ami de Calvin et de Robert Estienne, qui avait déjà professé au collège de Navarre. Un des échevins, Pierre Perrin, fut chargé d'aller le sonder à ce sujet et de traiter avec lui. Cordier arriva à Nevers en 1530 et resta à la tête des écoles jusqu'en 1533, c'est ce qui résulte des comptes des receveurs des deniers communs ; c'est donc par erreur que Bayle écrit qu'il régenta dans notre ville pendant les années 1534, 1535 et 1536. A son arrivée, il reçut 50 livres tournois ; pendant son séjour on lui donna à différentes fois des secours en argent, espérant se l'attacher, mais ce fut en vain.

Après le départ de Mathurin Cordier, le désordre s'introduisit dans le collège, les maîtres se succédèrent avec rapidité, la discorde se mit parmi les professeurs. Pour remédier à cet état de choses, les échevins présentèrent une requête au Parlement, afin d'obtenir un règlement pour qu'il « fust obvié à la diversité des doctrines, divisions et séditions (1) ». Il leur fut accordé par une ordonnance rendue aux Grands Jours de Moulins, le 30 octobre 1540. Il était établi dans le collège de Nevers trois classes : dans la première on devait enseigner « les ars et philosophie, s'il y a enffans capables à y parvenir et régens ydoines à les enseigner » ; dans la seconde, « la grammaire, poésie et l'art d'oratoire, depuis les rudimens et le Cathon » ; dans la troisième, « l'alphabet, les sept pseaulmes, les

---

(1) Archives de Nevers, CC 103 et suivants.

heures de Nostre-Dame et le Donat ». Les élèves
devaient se trouver au collège le matin à six heures en
été, à sept heures en hiver et assister à la messe chaque
matin. Les cours commençaient après la messe jusqu'à
dix heures, et le soir de deux heures à cinq heures
et demie.

En 1543, François Le Maistre « docteur es droitz »,
était principal. Les échevins voulaient le faire dé-
guerpir, nous ne savons pour quelle cause; il refusa ;
un arrêt du Parlement le maintint dans sa charge,
malgré les échevins.

Un autre arrêt du 1ᵉʳ février 1547 décida qu'à
l'avenir le principal serait présenté par les échevins,
qu'il ferait ses preuves de capacité par devant l'éco-
lâtre et que l'information sur ses mœurs serait faite
par l'évêque (1 .

En 1556, on convint que les notables habitants,
choisis par les échevins et les conseillers de ville, se
transporteraient le dernier dimanche de chaque mois
au collège, afin de l'inspecter et présenteraient un
rapport le dimanche suivant (2).

Raoul Borel était principal en 1561. Le 19 décembre
il résigna et on confia à Thomas Berthelot, prêtre
bachelier, moyennant 15 livres par quartier « l'estat
de principauité du collège ». Une épidémie de peste
sévissant à Nevers, en 1563, le collège fut fermé, et
les professeurs furent envoyés « aux champs à grans
frais, afin que plus promptement, le péril passé, ledit
collège fut remis en son premier estat pour obvier à la
desbauiche des jeunes enfans de lad. ville ». Berthelot
fut remplacé, le 13 juin 1564 par Pierre Alloury, curé
de Donzy, à qui on promit « sept-vingt-dix livres par

(1) Archives nationales.
(2, Archives de Nevers, BB. 18

an pour les gaiges de ses régens ». Il y avait alors, outre le principal, quatre professeurs dans l'établissement, Jean de la Triste, Jean Guinières, François Fauchet et Pierre Mirson. La peste ayant fait une nouvelle apparition, les cours cessèrent de nouveau et les bâtiments reçurent les malades que l'hôpital ne pouvait contenir.

A la fin de l'épidémie, François Jouhanneau, de Saint-Pierre-le-Moûtier, succéda à Alloury, qui refusa de reprendre ses fonctions On lui donnait 35 livres par quartier (1).

Le duc et la duchesse de Nevers, Ludovic de Gonzague et Henriette de Clèves, conçurent, en 1565, le projet de faire une fondation au profit du collège. Ils annoncèrent, le 28 août, leur intention de faire don d'une somme de deux mille livres tournois, une fois donnée, et d'une rente annuelle de cent quartauts de blé. L'assemblée des échevins et des conseillers de ville, réunie à cette occasion, pour éviter le renouvellement des troubles qu'avait déjà produits la diversité des enseignements, décida que « le principal serait tenu de faire vivre tous ses escolliers selon les traditions de l'Eglise romaine, et fréquenter la messe et aultres services et prières, selon l'institution ancienne. Et s'il y a aucuns enfans qui ne veulent suyvre notre religion, qu'il leur déclare qu'il luy est deffendu de les recepvoir au collège et ne les recepvra en icelluy (2) ».

En 1569, à la mort de Gilles Vallut, principal, on lui donna pour successeur Jean Rémond, curé de Satinges et de Parigny-les-Vaux.

C'est seulement en 1572, après près de sept ans de pourparlers, que fut régularisée la fondation projetée

(1) Archives de Nevers, CC, 140 et suivants
(2 Archives de Nevers, BB, 18.

par le duc et la duchesse. Par un acte passé le 3 juillet, les échevins abandonnèrent à Ludovic de Gonzague et à sa femme, d'après une autorisation donnée par une assemblée générale du 28 septembre précédent, toute la partie du collège du côté de la rue des Francs-Bourgeois (actuellement rue du Lycée) dont immédiatement cession fut faite à la Société des Jésuites pour y « loger, fonder et entretenir à tous jours ung collège de la compaignye des maistres et frères de la Compaignye de Jésus, qui vivra selon les instituts de leur ordre et vacquera à instruire la jeunesse de lad. ville et pays de Nivernoys en bonnes meurs et en toutes sciences, et qui, selon les occasions, preschera et annoncera la parrolle de Dieu, selon la doctrine de la saincte Eglise catholicque et romaine ». Les échevins firent réserve expresse du surplus du collège, pour, en y ajoutant trois maisons que le duc venait d'acquérir sur les rues Mirangron et des Fangeats (actuellement rue de la Préfecture) et qu'il délaissait à la ville « y loger ung ou plusieurs maistres et pédagogues et les enffans pensionnaires et encore pour y instruire les enffans abécédaires dont lesd. frères de la Compaignye de Jésus n'avoient accoustumé de se charger ». Le 26 septembre 1573, Ludovic de Gonzague compléta sa donation aux Jésuites en leur constituant une rente de 2.000 livres à prendre sur l'hôtel de ville de Paris ; l'acte en fut passé devant Cayard et Boreau, notaires au Châtelet. Les Jésuites, de leur côté, prirent l'engagement d'entretenir quatre régents au collège. Plus tard, la rente de 2.000 livres fut assignée sur les revenus du duché.

Cette organisation ne satisfit pas longtemps les Jésuites. En 1577, ils proposèrent de se charger de l'école et de l'enseignement des abécédaires. Intervint un nouveau traité le 2 août 1578. Les échevins et les conseillers de ville délaissèrent au duc « toute la part et portion qu'ils avaient réservée par le premier contract de cession et démission des maisons du collège » et les mandataires du duc en firent immédiatement abandon aux Jésuites et prirent l'engagement d'y ajouter deux autres maisons que le duc se proposait d'acquérir. Les Jésuites promirent, moyennant une somme de 150 livres par an, payables par la ville en trois termes, les 1er octobre, 1er février et 1er juin, de « s'employer en l'institution et enseignement de la jeunesse, prandre et recepvoir pensionnaires, instruyre les abécédaires par eulx ou par aultres capables et suffisans personnages (1) ».

Les maisons que le duc devait acheter le furent le 18 octobre 1585 et vinrent s'annexer au collège. Ludovic de Gonzague ajouta à tous ces dons, le 17 juin 1588, celui d'une métairie dans la paroisse de Saint-Eloy. Le 28 septembre 1586, la somme payée par la ville pour l'instruction des enfants abécédaires fut portée à 200 livres par an (2).

L'article 9 de l'ordonnance d'Orléans du mois de janvier 1561, avait décidé que dans chaque collégiale le revenu d'une prébende serait destiné « pour l'entretenement d'un précepteur qui sera tenu moyennant d'instruire les jeunes enfans de la ville gratuitement et sans salaire ». Les échevins ne purent obtenir que le 29 juillet 1591, de l'évêque Arnaud Sorbin, la collation de cette prébende au profit des Jésuites chargés d'instruire gratuitement les enfants. Un contrat passé avec le chapitre le 21 août suivant en fixa les revenus à 40 écus.

Cette même année, les chanoines de Saint-Cyr de

(1) Archives de Nevers, GG, 152.
(2) Archives de Nevers et Archives départementales de la Nièvre.

Nevers, seigneurs de Sauvigny-les-Bois, et les habitants de cette paroisse firent concession au profit du collège du droit de « prendre et tailler du bois pour servir de bouchures aux terres de Nevers et de la maitairie de Saint-Éloy (1) ».

L'arrêt du Parlement du 29 décembre 1594 ayant déclaré les Jésuites bannis de France, ils furent, malgré les démarches du duc et des habitants, obligés de quitter Nevers en 1595. Les échevins reprirent donc l'administration du collège. Ils traitèrent, le 15 juillet 1597, avec Arnaud Regnault « maitre es arts et licencyé en droit canon, chanoyne de Nevers » de « la charge, principaulté et esconomye du collège » pour dix années, à compter du 1ᵉʳ octobre suivant, moyennant la somme annuelle de 300 écus payables en deux termes et par avance, plus le revenu de la prébende préceptoriale. Regnault prenait l'engagement de « entretenir quatre régens ydoines et capables pour enseigner et instruire la jeunesse aux lettres humaines, scavoir ung premier, second, troisième et quatrième et oultre plus ung chappellain, qui enseignera par mesme moyen les petis abécédaires, lesquels régens led. Regnault sera tenu de nourrir, entretenir et gaiger à ses frais et despens; oultre a promis que, dès lors qu'il se trouveroit des escolliers prés et capables pour estre instruits es philosophye, de faire leçon et lecture une heure du jour, plus de faire dire et célébrer chacun jour la messe ordinaire, dire vespres le sabmedy, et le dymanche la messe et vespres, le tout à la fasson de faire accoustumée où assisteront les escolliers et faire lesson de catessisme aud. jour de sainct dymanche ». De plus, Regnault était exempté

(1) Archives de Nevers, BB. 29 et Archives de la Nièvre.

de toutes les taxes et charges qui frappaient les habitants. Il avait le droit de choisir et de destituer les régents.

En 1601, il fut décidé que chaque mois quatre commissaires, accompagnés du procureur du fait commun et du secrétaire, feraient l'inspection du collège et on fit publier que toute personne pourrait y envoyer ses enfants sans rien payer.

Les Jésuites furent rappelés en France par l'édit de septembre 1603. Sur la demande du duc Charles de Gonzague, Henri IV les autorisa le 21 juin 1606 à rétablir leur collège de Nevers, qui était « demeuré presque tout ruiné depuis l'absence desd. pères ». On profita de la circonstance pour augmenter cet établissement. Une quête fut faite parmi les habitants de la ville, afin d'ajouter aux anciens revenus ; elle produisit la somme de 22.000 livres, somme considérable si l'on réfléchit au peu d'importance de la ville à cette époque. Les échevins, du consentement du duc et de Catherine de Lorraine, sa femme, traitèrent, le 11 janvier 1607, avec les Jésuites qui rentrèrent le 1er octobre suivant. Ils recevaient la rente de 2.000 livres constituée par le duc Ludovic, la métairie de Saint-Eloi provenant de la même origine, les revenus de la prébende préceptoriale ; la ville leur abandonnait la ferme du Coudray, paroisse de Sermoise, et celle de Saint-Antoine, près Nevers, et prenait l'engagement de leur desservir une autre rente de 1.300 livres constituée au moyen de la somme recueillie chez les particuliers. Tous les bâtiments devaient être remis en bon état, on garnirait vingt chambres des meubles nécessaires, ainsi que l'infirmerie, la sacristie et la cuisine ; on rendait aux Jésuites tous les livres qui avaient été inventoriés lors de leur départ. En outre, ils étaient déclarés « libres, francs et exempts de toutes tailles, emprunts, gabelles, impositions, droits d'entrée, garde de ville et toutes autres charges quelconques et de quelque qualité qu'elles soient ». Cette dernière clause était destinée à faire naitre bien des difficultés dans l'avenir. Les Jésuites s'obligeaient à se livrer « à l'institution de la jeunesse et autres fonctions ordinaires et accoustumées de lad. compagnie... et faire résider ordinairement nombre de personnes suffisant pour entretenir cinq classes de grammaire, humanités et rhétorique ». Ce traité fut homologué par lettres patentes du 23 janvier 1607. Les habitants de Nevers firent encore plusieurs fois preuve de générosité envers les Jésuites ; ainsi, le 29 mars 1610, Henri Bolacre et Jeanne Millet, sa femme, donnèrent les fonds nécessaires pour la fondation d'une chaire de philosophie ; quelques années plus tard, Jean-Henri Bogne, doyen du chapitre Saint-Cyr de Nevers, prit à sa charge la dépense du grand portail de l'église. Le 21 mai 1624, Jacques Hardy, avocat en Parlement, fit don d'une place et d'une maison, rue Mirangron, tenant au collège (1).

Par le contrat du 11 janvier, les échevins avaient promis d'allonger l'église du collège et d'y construire deux chapelles. Mais dans le courant de l'année 1608, la ville acquit plusieurs petites maisons du côté de la rue des Ardilliers et en fit l'abandon aux Jésuites qui, moyennant cette donation, prirent l'engagement de bâtir, sur l'emplacement de ces maisons, une nouvelle église complètement à leurs frais. Pour payer les maisons ainsi achetées, la ville vendit l'ile de Loire à Gui Rapine, sieur de Bois-Vert, pour 1.250 livres. La première pierre de cette église fut posée le 9 septembre 1612 par Charles de Gonzague. Nevers fut assiégé en 1617

(1) Archives de Nevers BB divers et GG 152.

par le maréchal de Montigny, envoyé par Louis XIII
pour mettre fin à la révolte du duc et de la duchesse.
Le siège ayant été levé la veille de la fête de saint
Marc, les échevins firent construire, en 1619, en
actions de grâce, dans cette église, une chapelle en
l'honneur de ce saint. Le 25 septembre 1620, les échevins, « pour ayder à entretenir lad. chappelle de
choses nécessaires à son ornement » donnèrent aux
Jésuites « l'usage d'une petite perrière » située aux
Grandes-Perrières « et la place après que la pierre aura
esté entièrement tirée... pour y planter de la vigne ou
aultrement l'appliquer à tel usage qu'ils adviseront
pour le mieux ». Les peintures qui ornent cette église
furent exécutées beaucoup plus tard par le peintre ita-
lien Ghérardini, en 1688 et 1689, qui se lit aider par
un de ses compatriotes, Jean-Baptiste Sabatini ; c'est
ce qui résulte des quittances de ces deux artistes
conservées aux archives départementales (1).

Désirant créer une maison de campagne pour les
professeurs et un but de promenade pour les élèves,
les Jésuites firent, de Gilbert Taillandier, notaire à
Nevers, l'acquisition, moyennant 4.800 livres, de la
propriété de l'Ermitage, paroisse de Coulanges-les-
Nevers. Le 14 mars 1621, l'assemblée des habitants,
sur la demande du recteur, décida que, sur les rentes
que la ville payait à la Société, il serait pris celle de
300 livres dont le capital servirait au paiement du prix
de cet achat ; la ville se trouva déchargée d'autant
envers les Jésuites (2).

Par un traité signé le 18 juillet 1683, les échevins
exemptèrent des charges de la ville Jean Allasseur,
émailleur, qui, « pour faciliter les professeurs de phi-

(1) Archives de la Nièvre et Archives de Nevers.
(2) Archives de Nevers, BB. 21.

losophie à enseigner cette science qu'ils auroient connue estre spéculative et joindre les démonstrations à leurs escripts et parolles » s'obligeait à « faire et fournir, à ses despens, annuellement, aux régents de philosophie du collége de cette ville de Nevers tous les ouvrages et machines de son art qu'ils jugeront nécessaires pour l'utilité des escoliers et de tout le publiq dont il fera luy-même les expériences (1) ».

Les rentes que devait la ville étaient acquittées avec une extrême négligence. En 1641, Jérôme Berard, recteur du collége, se plaignant de ce que ces rentes étaient dues depuis plus d'une année entière, pour éviter que pareil fait se produisit à l'avenir, les échevins les constituèrent sur la ferme de la petite mesure qui se levait sur le vin et les autres boissons qui se débitaient dans la ville et les faubourgs. Cette mesure ne remédia aucunement à la situation et, tant que les Jésuites furent à la tête du collège, nous les voyons se plaindre continuellement des retards apportés dans les versements de leurs pensions. Un compte fait en présence de commissaires envoyés par Colbert, en 1660, établissait la ville débitrice de la somme de 9.478 livres qu'elle était dans l'impossibilité de payer. A ces réclamations se joignaient celles résultant de taxes diverses que les Pères étaient obligés d'acquitter et qui, selon le traité de 1607, devaient incomber à la ville. En 1725, le recteur Alexandre Roger réclamait aux échevins, de ces différents chefs, une somme totale de 76.365 livres.

Cette même année, on décida l'établissement « d'un second régent de philosophie pour enseigner à la jeunesse la phisique dans le collège ». Les représentants

(1) Archives de Nevers. BB. 31.

de la ville accordèrent, le 8 septembre, une somme
de 500 livres une fois payée et constituèrent sur l'ancien octroi une rente annuelle de 500 livres « pour
l'entretien et pension d'un professeur de phisique et
celle de 200 livres pour estre employée à achepter des
prix qui seront distribués tous les ans ». Cette délibération fut homologuée par arrêt du conseil du 4 juin
et lettres patentes du 17 juillet 1726.

Aux demandes incessantes formulées par les Jésuites,
les échevins et les conseillers répondirent, en 1733, en
leur réclamant « la restitution des sommes qu'ils ont trop
reçues ». « Les Pères, disaient-ils le 20 mai, enhardis
par les bontés et le peu de résistance qu'ils ont trouvée
dans ceux qui nous ont précédé à faire ce qu'ils exigeaient d'eux, et à la faveur d'une clause générale dans
leur contrat de fondation, voudroient envahir tous les
revenus de la ville ». Après de nombreux mémoires,
requêtes et suppliques de part et d'autre, on nomma,
le 22 février 1737, d'après l'avis de l'intendant, plusieurs arbitres chargés de régler ce différend,
et qui, le 6 mars, signèrent une transaction, homologuée par arrêt du Conseil d'État et par lettres
patentes du 30 octobre. Il était décidé que désormais
la ville paierait aux Pères une pension de 3.000 livres,
payables par quartier et par avance, et donnerait en
outre 200 livres chaque année pour les prix. Cette sentence rétablit la concorde entre les parties (1).

En 1740, une subvention de 2.400 livres fut allouée
pour réparations au collège et, quelques années plus
tard, une semblable somme pour construction de la
maison de campagne de l'Ermitage. « Les Pères
Jésuites, disaient les échevins en 1751, méritent de la

(1) Archives de Nevers, divers.

reconnaissance de la part de ville par rapport aux peines
et soins qu'ils se donnent journellement pour l'éducation de la jeunesse ». Les relations entre la municipalité et les Jésuites furent alors très cordiales. Le
3 janvier 1756, le recteur Le Petit disait aux échevins :
« Permettez-moi de profiter de votre assemblée pour
vous y souhaiter en corps une année comblée de toutes
les bénédictions du ciel et accompagnée de tout ce qui
peut contribuer à votre bonheur ; vous remercier, au
nom du collège, des biens que vous lui avez faits dans
tous les temps, et vous demander la continuation de
cette protection généreuse et bienfaisante qui ne peut
que le rendre de jour en jour plus florissant ; on
y conserve chèrement la mémoire des preuves écla-
tantes que vous lui en avez déjà données : nos poètes
nos orateurs les célèbrent à l'envi dans toutes les occasions, elles sont consignées dans nos fastes, encore
mieux gravées dans nos cœurs. Si la reconnaissance
des bienfaits passés est un titre pour en mériter de
nouveaux, que n'avons-nous point à nous promettre
pour l'avenir (1) ».

C'est avec peine que les habitants apprirent, en
1762, le nouveau départ des Jésuites. La ville repre-
nait l'administration du collège, mais on ne savait
à qui la confier. On considérait, en dehors de la Compagnie de Jésus « toute autre communauté régulière,
ou comme insuffisante et manquant de sujets, ou
comme déplacée si elle se limitait à l'instruction de la
jeunesse » ; on ne voulait mettre à la tête de l'établissement ni prêtres séculiers ni surtout de laïques ;
aussi demandait-on avec instance le maintien des
anciens maîtres. Si la municipalité et les conseillers

(1) Archives de Nevers, BB, divers.

de ville manifestaient ainsi leurs sentiments, c'était
bien plus vivement encore que les officiers du bailliage
exprimaient leur opinion : « Qu'est-ce que des merce-
naires, disaient-ils, tels que nous pouvons les trouver
soit dans nos provinces, soit même dans la capitale, et
que doit-on attendre de pareils gens ? Peut-on se promettre de leur part un zèle désintéressé, des mœurs
irréprochables, des sentiments élevés, une conduite
grave et soutenue ? (1) ».

Lorsqu'il fut bien établi que les Jésuites devaient
partir définitivement, on décida à l'unanimité de prier
le recteur de l'Université de vouloir bien envoyer à
Nevers un principal et cinq professeurs, en lui deman-
dant que « les professeurs qu'il aura la bonté d'indi-
quer soient non seulement des séculiers, mais encore
des personnes engagées dans l'état ecclésiastique,
autant qu'il n'y aura point d'impossibilité », « attendu,
dit la délibération, que nous n'avons point trouvé
dans notre ville des sujets qui nous parussent devoir
déterminer notre choix en leur faveur ». L'Université
avait été mal disposée par l'affection que l'on avait
témoignée aux Pères de la Compagnie de Jésus, aussi
répondit-elle par un refus ainsi motivé : « L'Université
a vu avec peine la prévention trop marquée des officiers
du bailliage et des officiers, maire et échevins de la ville
de Nevers, en faveur des Jésuites, et elle a vu avec plus
de peine encore les principes sur lesquels ces officiers
ont appuié leur prévention. Elle estime que, dans ces
circonstances, il convient que la cour ordonne à la
ville de Nevers de prendre elle-même les arrangemens
les plus convenables pour procurer à son collège des
maîtres, soit ecclésiastiques, soit laïcs, en qui elle

---

(1) Archives de Nevers, BB. 43, et archives de la Nièvre.

— 18 —

puisse prendre confiance, l'Université ne croyant pas
devoir exposer des hommes vertueux et instruits aux
préjugés d'une telle ville. Dans le cas où les maîtres
manqueraient à Nevers, les revenus du collège seront
convertis en bourses, jusqu'à ce que la ville, revenue
de ses préventions, se fasse autoriser par la cour à
rétablir son collège. Délibéré en l'assemblée des
députés de l'Université, tenue au collège des Grassins,
le 8 mars 1762 (1) ».

Ce que l'on voulait surtout éviter c'était l'exécution
de la menace contenue dans la dernière partie de cet
avis, la fermeture, au moins momentanée, du collège.
L'évêque vint en aide à la municipalité en lui procu-
rant sept prêtres séculiers, avec lesquels on traita
pour administrer l'établissement et enseigner depuis
le 19 avril 1762 jusqu'à l'époque ordinaire des
vacances.

Le 26 octobre suivant intervint un traité pour
l'administration du collège entre la ville et plusieurs
ecclésiastiques. Robert Daguet, docteur en Sorbonne,
devint principal ; Guillaume-Marie-François Alloury,
bachelier en Sorbonne, et Léonard Robillard, gradué
en l'Université de Paris, tous deux chanoines de
Nevers, furent chargés des deux cours de philosophie ; les classes de rhétorique, seconde, troisième,
quatrième et cinquième furent confiées à Jean-Bap-
tiste-François Giroux, bachelier en Sorbonne, prêtre
du diocèse de Paris ; Vilers, prêtre du diocèse
d'Auxerre ; Parisot, ancien principal du collège de
Varzy ; Martin, diacre du diocèse de Bourges, maître
ès arts de l'Université de Bourges, et Moreau, sous-
diacre du diocèse de Nevers, aussi maître ès arts

(1) Archives de la Nièvre.

de l'Université de Bourges. Le principal et les professeurs de philosophie recevaient un traitement de 1.200 livres, les autres 900 livres ; les revenus de la prébende préceptoriale, fixés à 120 livres, étaient de plus attribués au principal. Après vingt ans de professorat, le principal et les maitres devaient recevoir une pension de 400 livres. Il était alloué, en outre, au principal chaque année 150 livres pour faire dire tous les jours de classe une messe pour les élèves dans la chapelle du collège, pareille somme pour le luminaire et l'entretien de la sacristie, plus 60 livres pour payer un portier. Recommandation était faite aux professeurs « de se conformer autant qu'il sera possible aux règlements de l'Université de Paris, tant pour la discipline que pour la manière d'enseigner et dans les points qui ne seront pas contraires aux droits des officiers municipaux (1) ».

Des lettres patentes du mois de janvier 1710 avaient fait don du revenu du prieuré et de la sacristie de Saint-Sauveur de Nevers à la Société de Jésus, pour y tenir un séminaire, avec déclaration que, dans le cas où l'évêque de Nevers ou ses successeurs jugeraient à propos de retirer à cette société la direction du séminaire, le prieuré et la sacristie seraient unis au collège, à la charge d'entretenir deux régents de théologie, l'un de scholastique et l'autre de morale. Une difficulté surgit pour la dévolution de ces biens. Le 18 mai 1762, une sentence du bailliage de Saint-Pierre-le-Moûtier ordonna aux officiers municipaux d'établir deux régents de théologie, conformément aux lettres patentes, c'était admettre la réunion de Saint-Sauveur au collège, mais le syndic du diocèse

____

(1) Archives de Nevers. BB. 43.

protesta contre cette décision, le prieuré ayant été donné, disait-il, non aux Jésuites, mais au séminaire. Cette dernière opinion finit par triompher ; un décret de l'évêque du 6 août 1766, approuvé par le roi, le 24 août, déclara Saint-Sauveur réuni au séminaire (1).

D'autres lettres patentes furent rendues par le roi le 11 août 1763 pour l'organisation du collège. Il y était dit qu'il « sera composé d'un principal aux appointemens de 1.200 livres , outre le revenu de 120 livres de la prébende préceptoriale ; de deux professeurs de philosophie et d'un professeur de rhétorique aux appointemens de 1.200 livres chacun, de quatre régens de cinquième , quatrième, troisième et seconde classes aux appointemens annuels de 900 livres chacun, et d'un aumônier chargé de dire la messe tous les jours, auquel il sera payé annuellement pour honoraire la somme de 150 livres. Les places de principal, régens et professeurs dudit collège seront remplies par des personnes ecclésiastiques ou séculières et l'enseignement y sera gratuit et conforme aux usages et méthodes de l'Université de notre bonne ville de Paris... L'acte de donation dudit collège du 7 mai 1578, sera exécuté et en conséquence notre Cousin continuera de jouir de tous les droits qui lui appartiennent en qualité de fondateur dudit collège : les oraisons, la messe solennelle et présentation du cierge le jour de Saint-Louis, auront lieu comme par le passé ; voulant même que tous droits d'inspection qui pourroient lui appartenir dans led. collège lui soient entièrement conservés (2) ».

Cette dernière clause ne tarda pas à faire surgir un différend. Jusqu'alors les membres du bureau,

(1) Archives de la Nièvre et archives de Nevers.
(2 Archives de Nevers.

nommés par les conseillers de ville, avaient administré le collège, quand il n'avait pas été régi par les Jésuites, sans éprouver aucun empêchement de la part des seigneurs qui n'avaient jamais songé à s'immiscer dans les affaires du collège. On a souvent remarqué avec quelle âpreté, pendant les années qui ont précédé la Révolution, les représentants du duc de Nivernais se sont efforcés de faire renaître des droits seigneuriaux disparus ou tombés en désuétude depuis longtemps et même à en créer de nouveaux. Les lettres patentes de 1763 leur fournirent une occasion de plus de montrer leur zèle. Le bureau, ayant l'évêque à sa tête, se disposait à nommer un successeur à Jean-Baptiste Giroux pour la chaire de rhétorique, lorsque, le 11 avril 1782, fut signifiée défense de procéder à cette nomination. Dans cet acte, il était énoncé que le duc, comme représentant les fondateurs du collège, avait seul le droit de choisir des professeurs dans un établissement dont il restait propriétaire. En outre, on revendiquait pour lui des droits honorifiques qui n'avaient jamais été réclamés par ses auteurs : droits de présider les assemblées du bureau, les processions et les offrandes dans la chapelle immédiatement après le clergé, de recevoir le premier l'eau bénite, l'encensement et le pain bénit, soit par lui-même, soit par son représentant, droit de sépulture pour lui et ses successeurs, celui de faire peindre une ceinture funèbre en l'église et son écusson avec ses armes à l'endroit le plus apparent de l'entrée du collège. L'évêque était prié de faire imprimer pour être mises entre les mains des élèves, les oraisons que l'on devait réciter en son honneur à la messe solennelle et à la présentation du cierge le jour de la fête de Saint-Louis. Le bureau ne tint aucun compte de cette signification et nomma, le 4 juillet, Antoine

Bruandet, professeur de rhétorique. Celui-ci n'éprouva nulle difficulté pour exercer ses fonctions, le duc ayant, sans doute, modéré l'ardeur de ses officiers (1).

On a vu que jusqu'alors une somme de 120 livres était payée chaque année comme représentation des revenus de la prébende préceptoriale. En 1784, le bureau du collège ne voulut plus se contenter de cette somme, mais réclama les revenus entiers. Le chapitre ayant admis cette prétention, le 2 mai il fut décidé que le surplus de ces revenus, défalcation faite des 120 livres qui avaient leur destination fixée par les lettres patentes, serait employé en augmentation d'honoraires d'un des professeurs de philosophie « qui donnera trois fois la semaine des leçons publiques en langue française, de mathématiques aux jours et heures qui seront indiqués par le bureau d'administration du collège, après en avoir pris l'avis des officiers municipaux, auxquelles leçons toutes personnes pourront être admises, sans néanmoins que lesdites leçons puissent nuire à celles que doit led. professeur pour sa classe ordinaire ».

Il fut admis, en principe, que, dès que les revenus de la prébende le permettraient, on les emploierait à « l'institution d'un professeur uniquement destiné aux leçons de mathématiques ». Enfin, une transaction intervenue, le 16 décembre 1784, devant les notaires Bourry et Lethuillier, entre le chapitre et les représentants de la ville, fixa à 600 livres la somme que les chanoines devaient payer annuellement pour les fruits et revenus de la prébende préceptoriale (2).

A l'époque où éclata la Révolution le collège de

---

(1) Archives de Nevers.
(2) *Ibid*.

Nevers était administré par un bureau, composé de
l'évêque, président ; le lieutenant-général et le procureur général au bailliage, le principal, plus deux
officiers municipaux et deux notables élus par l'assemblée des échevins et des conseillers de ville. Il se
réunissait le premier et le troisième jeudis de chaque
mois ; il nommait le principal et les professeurs.
L'enseignement était complètement gratuit, les pensionnaires payaient seulement le prix de la pension.
Le personnel se composait de huit prêtres séculiers,
y compris le principal, tous logés dans les bâtiments.

Voici comment l'administration du district de
Nevers détaillait le collège en 1792 : « Les bâtiments qu'occupe le collège lui appartiennent en
propre et consistent en une très belle église, petite
cour à côté, sept classes précédées d'une grande cour,
une aile de bâtiment qui sépare la cour d'avec le
jardin, consistant au rez-de-chaussée en deux grandes
salles et une vinée, au premier étage en appartements
pour le principal et trois professeurs ; au deuxième
étage, un dortoir pour les pensionnaires qui peuvent
y être logés au nombre de 40 ; une autre aile de bâtiments tenant à celle ci-dessus, cour devant, consistant au rez-de-chaussée en un réfectoire, une cuisine
et décharge ; au premier étage, en une salle d'études
pour les pensionnaires et deux logements de professeurs ; au deuxième étage, en des logements de professeurs, une infirmerie et deux chambres pour les
domestiques ».

Les biens de cet établissement consistaient en :

1° La dime de la Menue, paroisse de Varennes-
les-Nevers ;

2° Le domaine de l'Ermitage, paroisse de Cou-
langes-les-Nevers, affermé 600 livres (la maison

d'habitation, les jardins, verger et vignes étaient laissés au principal qui en jouissait gratuitement) ;

3° Le domaine de Saint-Eloi, affermé 450 livres ;

4° Le domaine du Coudray, affermé 1.000 livres ;

5° Le domaine de Saint-Antoine, affermé 1.139 livres ;

6° Trente œuvres de vigne aux Perrières, près Nevers, affermées par bail emphythéotique de quatre-vingt-dix-neuf ans pour 120 livres ;

7° Une closerie, paroisse de Garchizy, comprenant maison, deux boisselées de terre, petit pré, 80 œuvres de vigne ;

8° Trois maisons tenant au collège, louées 357 livres 15 sols ;

9° Un bûcher tenant au portail de l'église, loué 12 livres ;

10° Quatre-vingts arpents de bois, paroisse de Sauvigny-les-Bois ;

11° Dix arpents de bois, au bois de Vesvre, près le pont Carreau, paroisse de Sermoise ;

12° Une rente de quatorze boisseaux de froment et quatorze boisseaux de seigle due par le chapitre de Nevers ;

13° La prébende préceptoriale, due par le même chapitre, dont les revenus s'élevaient à 600 livres ;

14° Une rente de 2.000 livres, due par le duc de Nivernais ;

15° Une pension de 3.200 livres, due par la ville de Nevers sur ses octrois ;

16° Une rente de 3.000 livres, due par le collège d'Amiens ;

17° Une rente de 800 livres environ sur l'Hôtel de Ville de Paris ;

18° Une rente de 200 livres sur les Etats du Languedoc ;

19° Quelques petites rentes peu importantes en argent et en poules.

Une portion de l'église et le bâtiment des classes étaient grevés de rentes et directes au profit du prieuré de Saint-Etienne de Nevers, pour la somme de 88 livres 8 sols 6 deniers. Il était dû au séminaire une directe de 1 livre 10 sols en argent, quatre boisseaux de seigle, et trois poules et deux petites directes en nature au chapitre et à la chapelle Saint-Saturnin, dans l'église paroissiale Saint-Arigle de Nevers.

Les appointements du principal et des professeurs s'élevaient à la somme totale de 9.310 livres. Le collège devait à quatre anciens professeurs : Vilers, Miné, ancien principal ; Laviron et Lallement, des pensions s'élevant ensemble à 1.800 livres (1).

Les événements qui bouleversèrent la France à la fin du XVIIIe siècle, amenèrent naturellement de grands changements au collège de Nevers. A l'époque de la Révolution, Le Mercier était principal ; il y avait sept professeurs : Cretin, pour la physique ; Pointeau, pour la logique ; Bruandet, pour la rhétorique ; Robinot, pour la seconde ; Lallement, pour la troisième ; Bonamy, pour la quatrième, et Bouré, pour la cinquième. Tous refusèrent de prêter serment ; il fallut donc les remplacer. Ce fut le commencement de la désorganisation et de la décadence pour le collège. Par suite des lois révolutionnaires, la maison perdit tous ses revenus : le recrutement des professeurs se fit avec difficulté ; la situation budgétaire fut cause que le paiement des appointements du personnel ne put s'effectuer qu'avec des retards excessifs et que les bâtiments ne reçurent aucune des réparations qui

______

(1) Archives de Nevers.

devenaient nécessaires. Voici la note que publiait l'administration communale le 13 février 1792 : « Depuis le 20 may 1791 que les professeurs du collège ont été remplacés, le pensionnat est tombé : il n'y a plus de principal, ni de professeur de philosophie : de 150 à 180 étudiants, il n'en reste plus que 30 ».

Le 2 août 1791, Pierre de Champrobert, procureur syndic, et Maublanc, officier municipal, se présentèrent pour dresser inventaire de tous les objets mobiliers dépendant du collège : l'opération fut promptement exécutée, l'ex-principal Le Mercier ayant déclaré « qu'il n'y avait dans le collège aucuns objets qui ne lui appartiennent, sinon des rayons, bas d'armoires et placards, placés dans le cabinet tenant au salon » ce qui se trouvait dans la vinée et le pressoir, et les ornements de la chapelle. Les commissaires trouvèrent, en outre, « dans le plus grand désordre, épars sur le carreau » des livres dont ils se contentèrent de prendre le chiffre total, savoir : 224 in-folio et 572 in-8, in-12 et in-16.

Le 18 mai 1791 avaient été nommés provisoirement : comme principal, Bourgeois, ancien vicaire de Saint-Étienne, et comme professeurs : Goyre-Laplanche, Claudin, Gallois, Barillot, Frébault, Frossard et Durand qui furent installés le 23. A cette occasion, Rameau, vice-président du conseil, prononça un discours « dans lequel il a fait sentir les avantages de la Constitution, en rappelant aux jeunes élèves la morale du civisme ». En 1792, les professeurs étaient Doin, Varinot, Barillot, Moreau, Frossard et Bonnet. Le 21 mars, Barillot, professeur de troisième, ayant démissionné, le district, vu « qu'il est impossible dans ce moment-ci de trouver des sujets propres à remplir les fonctions que vient de quitter led. sieur

Barillot », se vit contraint de charger Moreau de deux
classes simultanément (1).

Ces professeurs se proposaient d'innover dans le
mode d'éducation et de changer le système suivi jusqu'alors. Le 10 novembre 1792, ils écrivaient : « Notre
attachement réel pour la portion intéressante des
citoyens dont l'éducation est confiée à nos soins,
nous a fait prendre la résolution de suivre dans l'enseignement public un nouveau plan, tendant à ressus-
citer parmi les jeunes gens l'amour du travail, que
leur aversion pour l'ancienne méthode paraît avoir
éteint, et à repeupler le collège que les ennemis du
bien public voudraient voir absolument désert. Nous
vous prions de soumettre au jugement de l'administration le plan en question, que nous vous adressons
par la présente, sous le titre d' « avis aux citoyens »,
comme aussi de hâter la délibération à cet égard, et
de vouloir bien employer les moyens les plus prompts
pour publier le présent avis dans tout le département,
s'il est approuvé. — Avis aux citoyens : Citoyens,
aimant à croire que la seule cause de l'inaction dange-
reuse à laquelle la plupart des jeunes gens se livrent
est le dégoût qu'ils ont conçu pour l'ancienne méthode
de les instruire, les professeurs du collège, animés du
désir de servir, autant qu'il est en leur pouvoir, la
patrie et vos intérêts, vous annoncent qu'ils vont
mettre en exécution un nouveau plan d'éducation,
qu'ils ont jugé propre à seconder vos vues, en préve-
nant la réforme que vous désirez, et dont l'accomplis-
sement est réservé à la sagesse et aux lumières de
nos législateurs. Trop longtemps l'étude, bonne par
elle-même, des langues d'Athènes et de Rome, a été
regardée comme la seule et unique base de l'instruc-

(1) Archives de Nevers.

tion publique. L'inégalité des talens et la mesure du génie, que chacun de nous reçoit de la nature, réclamoient contre une coutume, qui, n'ouvrant à tous, pour parvenir, qu'une seule et même voie, l'interdisoit par là au plus grand nombre. C'est pour obvier à cet abus, si longtemps respecté, que conservant néanmoins l'étude de la langue latine, non plus comme fondement essentiel de l'instruction, mais comme partie intégrante de la masse des connaissances qu'il importe à chacun d'acquérir, nous allons ouvrir des cours d'histoire, de géographie, de grammaire françoise, d'arithmétique, de mathématiques, d'écriture et de dessin ».

» Il est une branche de l'éducation ancienne devenue aujourd'hui indispensable par l'influence que doit nécessairement avoir le talent de la parole dans une République, où les orateurs traitent les sujets les plus importants à la félicité de chacun et au bonheur de tous, c'est la rhétorique : aussi conservera-t-elle son rang parmi les connaissances utiles que nous nous proposons d'enseigner, toutefois après avoir subi dans sa méthode les élaguements que nécessite l'abrogation du privilège exclusif dont jouissait la langue latine. Comme nous restons toujours attachés à nos classes respectives, nous voyons avec joie s'élargir la carrière du travail qui nous était d'abord ouverte. Se rendre de plus en plus utiles doit être l'unique ambition des âmes vraiment républicaines : c'est la nôtre. Et nous avons la confiance que les jeunes citoyens, trop prévenus contre les abus de l'ancienne méthode pour avoir voulu s'y soumettre, embrasseront volontiers un plan, lequel ne tend qu'à les détruire, et nous dédommageront, par leur exactitude et leur patriotisme, des fatigues inséparables de la tâche que nous nous imposons.

» Les professeurs du collège de Nevers : Doin , professeur de rhétorique ; Varinot , professeur de seconde ; Moreau, professeur de troisième ; Frossard, professeur de quatrième ; Bonnet, professeur de cinquième (1) ».

Le plan d'études reçut l'approbation du conseil de la commune, qui l'adopta provisoirement « en attendant un plan général et fixe tel qu'on a le droit de l'espérer des législateurs, pour former les corps et les âmes d'êtres destinés à être les soutiens et les héros de la République ». L'avis aux citoyens fut affiché et publié dans tout le département. Il n'obtint pas le succès sur lequel avaient compté ses auteurs. Les cours continuèrent à être aussi peu fréquentés qu'auparavant. Les signataires quittèrent eux - mêmes bientôt la maison. Le 13 mars 1793, l'ex-bénédictin René-Joseph Varinot, professeur de seconde, venait déclarer à la municipalité « qu'animé du désir de maintenir la liberté, l'égalité et de voler aux frontières à la défense de la patrie, il s'y voue volontairement et s'enrôle dans le quatrième bataillon de la Nièvre ». Six jours avant, Xavier-François Frossard, professeur de quatrième, était parti également comme volontaire (2).

Le représentant du peuple Fouché, délégué de la Convention dans les départements du Centre et de l'Ouest, apporta des idées nouvelles sur l'instruction publique. Le 6 août 1793, il requit l'établissement au collège de Nevers d'un Institut national public et provisoire « composé d'un nombre suffisant d'instituteurs dont le patriotisme et les talents soient connus ». Sur cette réquisition, « le conseil du dépar-

(1) Archives de la Nièvre.
(2) Archives de Nevers.

tement de la Nièvre, considérant que depuis un certain temps, l'éducation publique a été négligée et qu'il est du devoir de l'administration d'établir des instituteurs qui entrent au plus tôt dans l'exercice de leurs fonctions, arrête qu'il y aura huit instituteurs, savoir : un pour le droit, la morale, la politique ; un pour les mathématiques ; un pour l'histoire et la géographie ; un pour les belles-lettres ; un pour la logique et la langue française ; un pour les langues grecque et latine ; un pour le dessin ; un pour l'écriture et l'arithmétique, qu'il n'y aura de congé que les jours de dimanches et que les vacances dureront quinze jours, à l'époque des vendanges ; qu'il y aura chaque année deux distributions de prix : la première distribution se fera le 21 janvier et la deuxième le 10 août. Ces prix seront des couronnes données par les présidents du département et du district et par le maire. Les enfants couronnés seront conduits au son de la musique à la municipalité, où leurs noms seront consignés au procès-verbal (1) ».

Ce projet fut-il mis à exécution ? Malgré des arrêtés aux considérants pompeux, l'instruction fut de plus en plus négligée. Des gens de toute sorte s'installèrent dans les bâtiments du collège et y fixèrent leur demeure sans aucun droit, s'emparant même des quelques objets mobiliers qui y étaient encore. Une société de jeunes gens avait été autorisée à se mettre en possession d'une des salles, pour y donner des représentations dramatiques, et commit des dégâts considérables. En vain, le 9 vendémiaire an III, le substitut de l'agent national dénonçait ces abus au conseil ; on ne pouvait ou on n'osait agir ; on laissait le collège dans un état déplorable.

(1) Archives de Nevers.

Le 28 ventôse an III, Pittet, professeur de mathétiques, et Pannier, professeur de dessin, écrivaient : « Depuis les réparations ordonnées par Fouché en septembre 1793 (*v. s.*), la maison du ci-devant collège est dans un état de dilapidation aussi indécent que ruineux pour la République. Tous les objets communs, tels que les vitres, les croisées, les carreaux des planchers, des corridors, etc., sont en pleine dégradation. On a volé, on vole encore journellement jusqu'aux serrures des portes. Le puits a besoin d'une réparation urgente. Enfin tout annonce dans cette maison dévastée l'anarchie qui y règne, le pillage qui en est la suite, et le peu de sûreté que quelques personnes honnêtes ont à y habiter. Salariés, étrangers soufferts par tolérance, tous y sont maîtres, sans police, sans discipline : le désordre est tel, qu'à la honte des mœurs, la porte sur la rue reste souvent des nuits entières ouverte (1) ».

Cette situation se prolongea jusqu'à la création des écoles centrales, organisées par les lois des 7 ventôse an III (25 février 1795) et 3 brumaire an IV (25 octobre 1795). Il devait en être établi une dans chaque département ; celle de la Nièvre fut placée dans les bâtiments de l'ancien collège de Nevers. Le 25 messidor an IV (15 juillet 1795), l'administration centrale du département fixa l'ouverture de cette nouvelle école au 1er thermidor suivant et choisit comme professeur de dessin, Millot ; professeur d'histoire naturelle, l'ancien chanoine Troufflaut ; professeur de langues anciennes, Frébault ; professeur de belles-lettres, Varinot ; professeur d'histoire, Robert, et professeur de législation, Passot. En même temps, l'administration invitait « au nom de la patrie, les

____

(1) Archives de Nevers.

pères et mères à ne confier désormais la raison de leurs enfants qu'à des personnes connues pour leur savoir, leurs mœurs et leur civisme, et qui ont fait leurs preuves en ce genre devant des membres du jury d'instruction ». Le personnel enseignant fut plus tard complété par Fontaine, professeur de grammaire générale ; Bouys, professeur de mathématiques, et Duchesne, professeur de physique et de chimie. Bias-Parent, l'ancien curé de Rix, remplaça Robert comme professeur d'histoire. Furent successivement bibliothécaires : l'ex-chanoine Liboron-Vilers, l'ex-chanoine Mauguin-Degautière et l'ancien instituteur Bort (1).

Le 27 messidor an IV, l'administration centrale « considérant que les fêtes publiques doivent avoir non seulement pour but le délassement des citoyens dans le sein des plaisirs que produisent les réunions fraternelles, mais que chez un peuple républicain les fêtes nationales doivent être en même temps l'école de la saine morale » invita les professeurs de l'école centrale « au nom de la patrie, à se partager l'honorable fonction d'instruire leurs concitoyens et d'enflammer leurs cœurs du saint amour de la patrie et de la liberté par des discours qu'ils prononceront dans les assemblées du peuple réuni dans les jours de décadi et de fêtes nationales », et le 4 brumaire an VI (27 octobre 1797) elle arrêta « que tous les jours de décadi un membre de l'école centrale prononcera, à trois heures du soir, un discours dans la ci-devant église du collège, qui ne professera que les principes les plus purs de la morale républicaine, qui fera aimer la République, qui élèvera l'âme de la jeunesse et lui donnera l'élan du courage militaire, de l'amour des beaux-arts, le goût des vertus sociales,

(1) Archives de Nevers.

le respect des parents, pour la vieillesse et pour le malheur. Ce discours, plein de sentiments qu'inspireront l'humanité et la générosité, sera précédé et suivi de chants patriotiques ».

Outre le jardin botanique, établi aux Minimes, un autre jardin fut créé dans le collège même. Les neuf professeurs et le bibliothécaire reçurent chacun un traitement annuel de 2.000 fr. L'école centrale coûtait au département 29.200 fr. par an. Les professeurs devaient loger dans les bâtiments de l'école; ce fut avec de grandes difficultés que l'on parvint à les faire évacuer par tous les individus qui y demeuraient indûment sans payer de loyer.

Le cours de langues anciennes était divisé en trois classes. Dans la première classe, les élèves apprenaient les principes du latin, d'après les ouvrages de Tricot et de Boinvilliers ; dans la seconde, on expliquait Phèdre, Cornelius Nepos ; le Selectæ, les *Eglogues* de Virgile, les *Métamorphoses* d'Ovide, et on apprenait les principes de la langue grecque; les élèves de la troisième classe traduisaient Quinte Curce, l'*Enéide* de Virgile, les *Catilinaires* de Cicéron et, en grec, les fables d'Esope.

Le cours d'histoire naturelle comprenait l'étude du système de Linné et de la méthode de Tournefort, celle de de Jussieu et de la physiologie et de la pathologie de Plenck ; des herborisations avaient lieu pendant l'été.

Le professeur de mathématiques enseignait l'arithmétique, la géométrie élémentaire, la trigonométrie ou théorie et pratique de l'arpentage et du nivellement, l'algèbre, les premières notions des sections coniques et les méthodes qui conduisent à la solution des problèmes du troisième et du quatrième degré, afin que les élèves, après avoir suivi le cours de l'école centrale, puissent suivre ceux de l'Ecole polytechnique.

Le cours de grammaire générale était divisé en trois parties. Dans la première, on exposait les éléments de la langue française : la seconde avait pour objet les rapports de la grammaire et de la logique ; la troisième indiquait les rapports des idées avec les expressions et des expressions entre elles.

Le professeur de belles-lettres enseignait l'art oratoire d'après Crevier, Cicéron et Quintilien, puis traitait des différents genres de poésie : apologue, pastorale, épopée, genre dramatique, poésie lyrique, poésie didactique, satire, épigramme, madrigal, sonnet, rondeau, triolet.

Le professeur d'histoire divisait son cours en trois parties : 1° introduction à l'étude de l'histoire et géographie ancienne ; 2° partie historique proprement dite ; 3° résumé du cours avec tableau de la navigation, des mœurs, de l'instruction, de la religion, de la législation, des arts, des sciences, etc.

Le cours de législation était également divisé en trois parties. Dans l'une, le professeur présentait les hommes à l'état de nature et l'origine des lois ; dans la seconde, il comparait la constitution française avec celles de l'Angleterre et des Républiques des Deux-Mondes ; la dernière comprenait l'étude de la population et des richesses, des lois criminelles, de l'instruction publique, des mœurs et des lois civiles.

Le cours de physique et de chimie se complétait en deux années : la première année comprenait l'étude de la physique ; la seconde année était consacrée à la chimie. On y étudiait l'étendue, la divisibilité des corps, le mouvement et ses lois, l'hydrostatique ; l'air, ses effets ; l'eau, les météores aqueux, le feu, la lumière, la catoptrique, la dioptrique, l'astronomie, l'aimant, l'électricité, les météores enflammés. On s'occupait des parties qui ont rapport avec l'art de guérir, telles que l'air, le feu, l'aimant, l'électricité, en en faisant l'application aux maladies. Les leçons avaient lieu quatre fois par décade, de dix heures à midi. Le traitement par l'électricité médicale se faisait chez le professeur, à l'issue du cours, de midi à une heure.

Au mois de frimaire an VII, le citoyen Parent, professeur d'histoire, fut appelé devant le jury d'instruction pour répondre au sujet de l'enseignement qu'il donnait aux élèves, et des principes qu'il énonçait dans un journal dont il était le principal rédacteur. Voici quelle fut sa réponse : « Ceux qui vivent particulièrement avec moi ne me connaissent pas autrement que comme bon voisin, bon collègue, bon ami, bon fils, bon père, bon frère, bon époux, bon républicain, telle est ma moralité ». Cependant, malgré toutes ces qualités, le 5. frimaire, le jury d'instruction demanda sa destitution : « Considérant que son école est presque déserte... qu'elle n'est ainsi abandonnée que par le juste effroi que ses principes inspirent aux parents des élèves, qui, vu l'importance de cette science, devraient y affluer plus que dans toute autre. Considérant que ce serait vouloir le renversement de tout ordre social que de laisser répandre dans le cœur des jeunes élèves le poison funeste des principes pernicieux du citoyen Parent, manifestés dans son journal qui, dans presque tous les numéros, contient les déclamations les plus virulentes, les calomnies les plus atroces contre les membres des autorités constituées... Qu'il n'est pas possible d'attendre d'heureux résultats pour l'instruction de la jeunesse des travaux d'un instituteur qui consacre presque tous ses loisirs à la diffamation et aux délations ».

Désormais la chaire d'histoire à l'école centrale
demeura vacante ; Parent quitta Nevers pour aller
fixer son domicile à Dornecy, près Clamecy (1).

La loi du 11 floréal an X (1ᵉʳ mai 1802) apporta de
grands changements dans la législation de l'instruction publique, qui désormais était donnée dans les
écoles primaires, les écoles secondaires et les lycées.
D'après l'article 6 de cette loi, était appelée école
secondaire « toute école établie par les communes, ou
tenue par des particuliers, dans laquelle on enseignera
les langues latine et française, les premiers principes
de la géographie, de l'histoire et des mathématiques ».
Il ne pouvait en être établi qu'avec l'autorisation du
Gouvernement : elles étaient placées sous la surveillance et l'inspection particulière des préfets.

Nevers, privé de son école centrale par le nouveau
système, ne fut pas compris au nombre des villes qui
devaient avoir des lycées : il pouvait au moins aspirer
à avoir une école secondaire. Le conseil municipal en
fit immédiatement la demande : l'autorisation nécessaire se fit longtemps attendre, au grand détriment de
l'instruction encore une fois désorganisée. Le 7 ger-
minal an XI, le maire, Dard-Despinay, écrivait au
préfet : « Nous voyons tous les jours, dans les bulle-
tins des lois, l'établissement d'écoles secondaires dans
toutes les villes de la République, et Nevers, qui a
perdu son école centrale, n'en a pas encore .. Les
soins que l'on doit à la jeunesse, la moralité, l'instruction nécessaire à des jeunes gens qui sont l'espérance de la patrie, la consolation des pères de famille
et le bonheur de la société ; tous ces motifs doivent
être sacrés pour l'administrateur, et c'est à ce titre
que nous renouvelons nos instantes prières pour

(1) Archives de Nevers.

obtenir dans la ville de Nevers une école secondaire ».
Le 30 floréal, le conseil municipal exprimait ses
regrets que la ville fut si longtemps sans école supérieure, et désignait au choix du Gouvernement l'ancien chanoine Laviron, pour directeur et professeur
de mathématiques, et les citoyens Lallemant, comme
professeur de langue française; Bouré, professeur de
langue latine, et Bruandet, professeur de géographie
et d'histoire; il ajoutait : « Ces différents citoyens
sont avantageusement connus dans la commune et
réunissent aux grands talents des mœurs irréprochables. Le conseil estime qu'ils pourront remplir le vœu
du Gouvernement ». Cette désignation fut renouvelée
le 10 vendémiaire an XII. C'est seulement le 13 plu-
viôse an XII qu'un arrêté du Gouvernement autorisa
« la commune de Nevers à établir une école secondaire dans les bâtiments de l'école centrale de cette
ville qui lui sont concédés à cet effet ». Le 18 thermidor, le Ministre de l'Intérieur, sans se préoccuper
des choix faits par le conseil municipal, nomma
Pierre-Amable Bort, bibliothécaire de l'école centrale, aux fonctions de directeur et de professeur
des cinquième et sixième classes de mathématiques ;
François Gounot, maître de pension à Nevers, professeur des cinquième et sixième classes de latin, et
Jean-Baptiste Lariche, maire et maître de pension à
Saint-Saulge, professeur des troisième et quatrième
classes de latin. Il n'y eut provisoirement que ces
trois professeurs à l'école. Ils furent installés par le
Maire le lundi 16 vendémiaire an XIII (1).

Un prospectus, signé par le préfet Adet, fut
répandu dans tout le département, afin d'attirer les

____

(1) Archives de Nevers.

élèves. On y lisait : « La régénération de l'instruction publique n'est pas le moindre titre à la gloire
immortelle du héros qui tient aujourd'hui les rênes
de l'Empire. A peine avait-il terrassé le monstre de
l'anarchie, éteint le feu des dissensions civiles, étouffé
l'esprit de parti, rallié tous les citoyens, conquis la
paix, relevé les autels, préparé la France au retour
des vrais principes et à la pratique de ses anciennes
vertus, que ses premiers regards se portèrent sur
l'éducation de la jeunesse, son œil vif et pénétrant sut
y découvrir les vices qu'elle recélait. Il voulut que
cette partie essentielle, intimement liée à la prospérité des nations, fut recréée et bientôt après parut un
nouveau code d'enseignement public, dont la cohé-
rence et la graduation, dans toutes les parties qui le
composent, forment un cours complet d'une éducation
vraiment nationale. La loi du 11 floréal an X donna
l'existence à ce nouveau code et, déjà, ses bienfaits se
font ressentir dans la majeure partie de l'Empire. La
ville de Nevers, se trouvant, par l'effet de cette loi,
privée de son école centrale, a cherché à réparer cette
perte en réclamant la création d'une école secondaire
communale dans les vastes bâtiments de son ancien
collège... Le mode d'enseignement sera en tout
conforme à celui prescrit par les arrêtés du Gouvernement, c'est-à-dire qu'il aura pour objet la religion,
la morale, les langues latine et française, la géographie, l'histoire et les élémens de mathématiques, de
physique et d'histoire naturelle ». Le prix de la pension était de 525 fr., les externes payaient 2 fr. par
mois. L'uniforme, conformément à l'arrêté du 19 vendémiaire an XII, comprenait un habit de drap vert,
doublé de même couleur, collet et parements couleur
ponceau, chapeau rond jusqu'à quatorze ans, chapeau
français après cet âge, boutons blancs, en entier en

métal, portant ces mots : « Ecole secondaire » ; au
milieu et autour, en légende, ceux-ci : « De Nevers ».

Un arrêté du 22 brumaire an XIV désigna Pierre-
Jean-Marie Ogier comme professeur des cinquième
et sixième classes de mathématiques, et chargea Bort
des première et deuxième classes de latin ; Millot fut
chargé d'enseigner le dessin. En 1807, on adjoignit
un maître d'études, faisant en même temps la septième classe. Le nombre des professeurs resta aussi
restreint pendant plusieurs années. Le 16 août 1811,
le préfet déclarait au Conseil général du département
que d'autres professeurs étaient nécessaires : « Ceux
actuellement en exercice, disait-il, font chacun deux
classes, ce qui ne saurait exister plus longtemps, sans
de graves inconvénients, non seulement pour ces professeurs, mais encore pour les élèves ». Mais la situation pécuniaire de la ville, qui tous les ans allouait
une somme de 6.500 fr. à l'école secondaire, ne permettait pas de faire de plus grands sacrifices. Tous
les revenus ayant disparu, on ne pouvait même pas
entretenir les bâtiments « pour ainsi dire inhabitables
par l'état de dégradations et de ruines de leurs distributions ». Les élèves du séminaire qui venait d'être
ouvert à Nevers, devaient, d'après les règlements,
suivre les cours de l'école secondaire, à laquelle on
recommençait à donner le nom de collège. Pendant
quelque temps, on n'exigea pas leur présence, faute
de pouvoir les loger. « Les classes vacantes n'ont ni
portes, ni fenêtres en état de servir, dit un rapport ;
dans quelques-unes, les planchers sont soutenus par
des étais qui sont enfoncés d'un demi-pied en terre.
Elles sont mal éclairées, humides, entièrement décar-
relées, encombrées de gravois et de platras ». Le
conseil général fut obligé d'accorder un secours de
1.000 fr. pour commencer des réparations absolument

indispensables. En 1812, la subvention de la ville fut portée à 6.750 fr. et l'on supprima les 300 fr. que l'on donnait au portier, afin de pouvoir payer les professeurs (1).

Lorsqu'on avait établi un maitre de dessin, le bureau d'administration lui avait alloué un traitement de 600 fr. et avait porté à 3 fr. la rétribution que devait payer chaque élève par mois. On espérait ainsi trouver une somme suffisante pour payer les appointements du maitre. Il n'en fut rien, on se vit bientôt en face d'un déficit considérable. Le 4 janvier 1811, la municipalité déclara qu'elle cessait de s'occuper du cours de dessin, aussi ne voyons-nous plus de professeurs les années suivantes.

Afin d'exonérer la ville des charges qui lui incombaient du fait du collège, la municipalité songeait, dès cette époque, à transformer cet établissement en lycée. Le décret du 11 novembre 1811 ayant ordonné l'augmentation du nombre des lycées dans l'Empire français, le conseil municipal, pressé par le préfet et par le recteur de l'académie de Bourges, chargea une commission de présenter un rapport à ce sujet. Le 2 avril 1812, il demanda l'autorisation de contracter un emprunt de 100.000 fr. pour exécuter les améliorations demandées par l'autorité supérieure. L'affaire fut sur le point de se conclure. Le 15 juillet, le baron de Breteuil, préfet de la Nièvre, écrivait que « les relations qu'il avait eues avec le grand maitre de l'Université lui donnaient le juste espoir de voir ce changement s'opérer en 1814 ». L'*Almanach du département de la Nièvre* pour 1813 contenait cette phrase relativement au collège : « Par les soins de M. le préfet, des mesures sont prises pour l'établis-

(1) Archives de Nevers.

sement d'un lycée dans cet antique local, consacré depuis un temps immémorial à l'instruction publique ». Les événements politiques, qui plongèrent la France dans une série de désastres, empêchèrent seuls la réalisation de ce projet.

En attendant que la transformation désirée pût s'accomplir, on procéda à une réorganisation complète du collège. On le plaça sous l'administration de l'abbé Henriot ; six professeurs ou régents furent nommés, chargés chacun d'une classe, depuis la sixième jusqu'à la rhétorique, un septième enseigna les mathétiques ; le principal ne devait plus faire de classe, il devait « gérer le pensionnat pour son compte, à ses risques et périls » et recevait de la ville une somme de 1.200 fr. par an ; les élèves ecclésiastiques vinrent assister aux cours : le baron de Breteuil fonda un prix de sagesse, d'aptitude et de bonne conduite, qui fut décerné à Antoine Auriol, de Dornes. Ce système fut inauguré le 19 novembre 1812. Après la messe du Saint-Esprit, célébrée en l'église Saint-Pierre, par l'abbé Bauzon, vicaire général, et à laquelle assistèrent toutes les autorités, le principal et les professeurs prêtèrent serment entre les mains du préfet.

Les espérances que l'on avait fondées sur cette nouvelle organisation ne se réalisèrent point, par suite des événements politiques. Le nombre des élèves décrut d'année en année. Il était de 118 en 1812, 121 en 1813 ; il tomba à 97 en 1814, 57 en 1815 et 53 en 1816. Les bâtiments continuèrent à être dans un état déplorable. En 1814, la salle dans laquelle avait lieu la distribution des prix menaçait sérieusement de s'écrouler, et « si elle tombait, les classes de mathématiques et de rhétorique, placées au-dessous, et par cela déjà dangereuses à occuper, seraient écrasées par sa chute » ; le local qui, précédemment, servait de dortoir, était dans un tel état qu'on n'avait pas osé y faire coucher les élèves du pensionnat ; la dégradation des murs était si grande que, tous les jours, il tombait des pierres ; le grand bâtiment était étayé de tous les côtés (1).

Les professeurs, cependant, étaient à la hauteur de leurs fonctions et apportaient tout le zèle possible. Dans les circonstances où l'on se trouvait, la nomination de l'abbé Henriot avait été un excellent choix ; il mettait tous ses soins à la direction du collège ; en outre, comme il avait une certaine fortune, il faisait l'avance des dépenses occasionnées par les réparations absolument indispensables et que la ville ne pouvait solder. Aussi, lorsqu'il quitta Nevers, en 1816, appelé à la tête du collège royal de Limoges, se trouva-t-on dans le plus grand embarras. Le déficit de la maison pendant les trois années 1813, 1814 et 1815 s'élevait à 11.202 fr. 39 ; il avait été comblé par le principal, qui, au moment de son départ, était créancier d'une somme de 14.109 fr. 80. Avant de quitter définitivement Nevers, l'abbé Henriot essaya de se faire rembourser les dépenses qu'il avait faites pour la ville. Ne pouvant réussir, il vendit à deux marchands fripiers, Buisson et Flageol, la plus grande partie des objets mobiliers garnissant le collège, objets qu'il y avait introduits lui-même et payés de ses propres deniers. La maison se trouvant complètement dégarnie, il fallut aviser aussitôt : il n'y avait plus ni lits, ni même de bancs en quantité suffisante pour les élèves. On racheta aux fripiers une partie du mobilier pour la somme de 3.600 fr. en prenant des termes pour le paiement qui ne put s'effectuer qu'avec la plus grande

(1) Archives de Nevers.

difficulté. Le 29 novembre, le maire écrivait au préfet :
« Voilà plus d'un mois que MM. mes adjoints et moi,
nous faisons toutes les recherches et les tentatives
imaginables dans la vue de découvrir les moyens de
payer la moitié exigible du prix de rachat du mobilier cédé à la commune par les sieurs Buisson et Flageol (1) ».

A cette époque, la distribution des prix se faisait
beaucoup plus tardivement que de nos jours ; elle
avait lieu ordinairement à la fin du mois d'août. Sous
l'abbé Henriot, elle eut lieu régulièrement le 8 septembre ; les vacances se terminaient le 31 octobre. On
ne put y procéder en 1815 ; la ville de Nevers ayant
été occupée par les Alliés , le 22 juillet, le collège
reçut dans ses murs des soldats étrangers et les élèves
se retirèrent dans leurs familles. La distribution de
1816 comprit les deux années scolaires. Elle était
précédée de deux et quelquefois trois jours d'exercices publics, exécutés par les meilleurs élèves ; ils
furent remplacés, après quelques années, par un examen public des élèves ; à ces exercices ou examens
étaient conviées toutes les autorités et les personnes
notables de la ville.

Le 15 mars 1815, une émeute éclata à Nevers, pro-
voquée par le bruit que l'administration se disposait
à faire couper le pont sur la Loire, afin d'empêcher le
passage de Napoléon à son retour de l'ile d'Elbe. Le
préfet et le commandant militaire furent insultés dans
les rues, un poste de la garde nationale fut assailli, un
jeune homme fut tué. Le lendemain, les professeurs
écrivaient la lettre suivante : « Monsieur le maire,
jusqu'à présent nous avons pensé que le service de
nos classes ne pouvait s'allier avec celui de la garde
nationale ; mais ayant su que l'ordre a été troublé la

(1) Archives de Nevers.

nuit dernière, nous pensons que la ville pourra avoir
besoin de plus d'hommes pour le maintien du bon
ordre, c'est pourquoi nous offrons à M. le maire de
faire, s'il le juge nécessaire, le service conjointement
avec les citoyens de la ville ; nous serons prêts en
tous tems à mettre en pratique les principes d'attachement et de fidélité pour le Roi et la Patrie que
nous cherchons à inspirer chaque jour à nos élèves ».
Outre leurs personnes, ils offrirent celles de quatre
élèves et assurèrent la municipalité de leur « dévouement personnel et de celui de tout leur établissement
à la cause du meilleur des rois (1) ».

Au milieu des événements politiques, le principal
se vit successivement accusé par chacun des deux
partis en présence de favoriser le parti opposé. Les
professeurs écrivaient au conseil municipal en parlant
de quelques habitants : « Pendant le règne de l'usur-
pateur, ils voulaient faire fermer le collège comme
professant le royalisme ; au retour du prince légitime,
c'est de bonapartisme qu'ils ont accusé ce même
établissement ». Mais, à l'intérieur de la maison, on
n'eut à regretter aucun désordre et les administra-
teurs pouvaient écrire, le 3 décembre 1815 : « A la
révolution du mois de mars, dans le sein des troubles
et des alarmes, quand les principes les plus erronés,
les doctrines les plus pernicieuses circulaient jusque
dans la chaumière du pauvre, que la génération
actuelle, entraînée par les idées les plus épouvanta-
bles, a donné le spectacle d'une défection sans
exemple, quand la jeunesse de plusieurs écoles fran-
çaises s'est empressée de signaler son indépendance
et son indiscipline, quand, dans Nevers même, des
écrits, répandus avec profusion parmi nos élèves,

(1) Archives de Nevers.

semblaient devoir allumer au milieu de nous l'étincelle du désordre, nous sommes restés calmes, nos écoliers n'ont pas dévié de la route que nos leçons leur avaient tracée (1) ».

Cependant l'avenir paraissait bien sombre pour le collège ; il se voyait fortement attaqué dans la ville. Le petit séminaire, maintenu à Nevers, faisait une concurrence redoutable, et déjà avait commencé une lutte qui devait durer bien des années ; on voyait « un grand nombre de sujets destinés au monde peupler une école uniquement instituée pour ceux qui doivent y renoncer ». Pour combattre avec avantage, il aurait fallu faire des sacrifices que l'état précaire des finances de la ville ne permettait pas. A compter du 1er novembre 1812, on avait remplacé la gratuité par un droit de 50 fr. que devait payer chaque externe ou pensionnaire ; c'était une ressource insuffisante. C'était avec la plus grande difficulté et de longs retards que les professeurs parvenaient à être payés de leurs appointements. Dans une lettre collective, le 25 février 1817, ils réclamaient vainement une somme totale de 9.641 fr. 94. Le 2 janvier 1820, plus de trois ans après son départ, l'abbé Henriot n'était pas encore soldé ; à ses réclamations, le maire se contentait de répondre qu'il l'engageait à s'armer de patience.

Dans de pareilles circonstances devait-on conserver le collège ? Il fut question de le fermer. Pour être fixés sur ce point, le principal et les régents s'adressèrent, le 20 juin 1816, aux membres du conseil municipal. « Nous sommes depuis longtemps, disaient-ils, dans un état précaire, tant par l'arriéré de nos traitements, que par l'incertitude de notre sort à venir.

(1) Archives de Nevers.

Nous avons supporté l'un et l'autre sans murmurer
et sans nous relâcher en rien de la rigueur de nos
devoirs, persuadés que les circonstances seules vous
ont contraints de nous y laisser jusqu'à présent. Mais
l'espoir d'en sortir bientôt ne peut nous tromper,
puisqu'il est fondé sur votre équité et sur les preuves
de bienveillance dont vous nous avez souvent honorés.
Nous osons vous prier de vouloir bien nous en accorder une dernière ; c'est de nous déclarer de suite sur
quoi nous devons définitivement compter. Jugez vous-
mêmes, Messieurs, s'il nous est possible de rester plus
longtemps dans la situation pénible à laquelle nous
sommes réduits. Forcés à des privations continuelles
par l'arriéré de nos traitements, exposés chaque jour
aux plus injustes censures, et sans cesse abreuvés de
dégoûts, pour récompense de nos veilles et du genre
de travail le plus assujetissant, le plus épineux et le
plus ingrat... On s'efforce sans relâche d'égarer l'opinion, chaque jour porte ici une nouvelle atteinte à
l'instruction publique. C'est à vos lumières et à votre
sagesse d'arrêter les progrès du mal : votre indiffé-
rence, que nous ne pouvons pas supposer, le porterait
à son comble. Mais vous ne voudrez pas sans doute
que, sous votre administration, la ville ayt la honte et
la douleur de voir s'anéantir l'établissement qu'elle
doit avoir le plus à cœur de maintenir, et dont elle
aurait sans cesse à regretter la perte, sans pouvoir
peut-être jamais la réparer ».

Le départ de l'abbé Henriot, sur ces entrefaites,
augmenta encore l'embarras dans lequel on se trouvait.
L'abbé Terrasse, nommé pour le remplacer, exigeait
que la ville achetât un supplément de mobilier pour
la somme de 2.700 fr. et « il est évident, disait le
maire, que la ville de Nevers, qui n'a pas d'argent
comptant, ne trouverait personne qui lui ferait à cré-

dit des fournitures pour une somme de cette importance, puisqu'elle a été dans l'impuissance de payer le
plus léger acompte sur le prix du mobilier qu'elle a
acheté à l'arrivée du principal ». Le 22 octobre, le
conseil municipal se réunit pour aviser à cette situation. Il décida, à l'unanimité, « qu'on ne pouvait pas
mettre en question si le collège serait conservé et que,
malgré le mauvais état des finances de la commune, il
ferait tous ses efforts pour maintenir ce précieux
établissement » ; que le collège n'aurait plus qu'un
principal et six régents et que la chaire de mathématiques serait supprimée. Le maire fut autorisé à acheter
tout le mobilier nécessaire. L'avis suivant fut envoyé
dans tout le département :

« Le collège de Nevers ouvrira l'année scholastique
le 4 novembre 1816. Le pensionnat est déjà disposé
pour y recevoir des élèves. Le changement de quelques
membres attachés à cet établissement avait fait
concevoir des doutes sur sa conservation ; mais ces
doutes doivent disparaître devant les mesures efficaces
que le conseil municipal de la ville de Nevers vient
d'adopter.

» Un principal et six professeurs, recommandables
par leurs principes religieux, leur attachement à la
cause royale, leurs talents et l'aménité de leurs mœurs,
vont offrir à la société la garantie qu'elle a le droit
d'exiger de ceux qui se vouent à l'enseignement.

» La surveillance des autorités locales, sans cesse
excitée par le besoin d'une éducation trop longtemps
négligée, viendra ajouter à cette garantie ; il ne peut
donc rester aucune ressource à la prévention et le
collège de Nevers reprendra cet ancien lustre qui,
pendant de longues années, lui assura une place
distinguée dans l'art d'enseigner et doit faire désirer

aux habitants du département d'y envoyer leurs enfants.

» MM. les maires feront afficher et publier dans leurs communes respectives le présent avis, afin qu'il soit connu de tous leurs administrés.

» Nevers, le 26 octobre 1816.

» Le préfet : DEVAINES ».

L'abbé Terrasse ne fit, pour ainsi dire, que passer à Nevers ; il ne resta pas même quatre mois entiers à la tête du collège. Dans ce court espace de temps, son administration fut désastreuse. A son départ, il émit la prétention de se faire indemniser par la ville des frais qu'il avait faits pour venir occuper son poste et de ceux que lui occasionnerait ce départ. Le conseil municipal rejeta cette demande, « considérant que M. l'abbé Terrasse, envoyé à la tête du collège de cette ville pour le soutenir, l'améliorer et le faire prospérer, a complètement détruit le pensionnat, dégoûté les élèves externes et discrédité l'établissement ; que, sous ces rapports, c'est la commune qui, si un tel recours était praticable, aurait à exercer des dommages-intérêts ». L'abbé Terrasse avait, en effet, perçu les droits de collège dus par les élèves et refusait de les verser à la caisse municipale. A son arrivée, il y avait douze pensionnaires, trois mois après il n'en restait plus un seul. (1)

Le 20 février 1817, un arrêté de la commission de l'instruction lui donna Tabary comme successeur. Il eut à réorganiser entièrement la maison et spécialement le pensionnat. Le 13 juin 1817, il faisait publier un prospectus qui commençait en ces termes : « C'est

(1) Archives de Nevers.

dans l'âge heureux où l'âme des enfans encore pure et
novice est susceptible de toutes sortes d'impressions,
que l'on doit les mettre à portée de n'en recevoir que
de bonnes. S'ils sont exercés de bonne heure à la pratique des vertus chrétiennes et morales ; s'ils sont
habitués, dès leurs plus tendres années, à l'étude des
lettres et des sciences, ils auront toujours présents
dans la suite les principes que l'on aura pris soin de
leur inculquer.

» Pénétré de ces maximes, le principal du collège
de Nevers a l'honneur d'informer les pères de famille
qu'il vient d'ouvrir son pensionnat dans lequel sont
admis les enfans dès l'âge de 7 ans ».

Tabary était un ancien Oratorien : rien d'étonnant
qu'il ait essayé de s'entourer de professeurs de la
même congrégation. Le 27 septembre 1817, furent
nommés, à Nevers, deux membres de l'institution
de Juilly : Bodin, comme régent de seconde, et Pataud,
comme régent de cinquième, et un membre de l'institution de Vendôme, Gatien Arnoult, comme professeur de sixième. Sous l'administration de ce nouveau
principal, le collège commença à se relever. Au bout
d'un an la chaire de mathématiques fut rétablie et
donnée à un membre de l'institution de Juilly. Le
préfet disait au Conseil général, à la session de 1817 :
« Le collège de Nevers n'est pas un de ceux dont les
succès soient moins réels, depuis qu'il est confié à la
direction d'un homme justement considéré sous tous
les rapports »; et, en 1819 : « Vous savez, messieurs,
quels éloges sont dus au collège de Nevers ; à peine
sorti de sa ruine, il compte déjà une centaine d'élèves,
tant internes qu'externes, et il serait difficile de
trouver, ailleurs que dans les lycées, une réunion
d'hommes aussi remarquables par leur moralité, leur

zèle et leurs connaissances, que le principal et les professeurs de ce collège ».

Cette prospérité relative et l'amélioration des finances de la ville engagèrent le conseil municipal à se montrer plus généreux envers le collège et à demander en même temps la disparition des bourses du collège de Bourges. Le décret du 8 mai 1808 avait mis à la charge de Nevers l'entretien au lycée (depuis collège royal) de Bourges d'une bourse entière, de trois-quarts de bourse, et de deux demi-bourses, pour la somme totale de 1.650 fr. En 1815, le conseil municipal profita de la chute de Napoléon pour se faire exempter de cette charge, qui fut rétablie par l'ordonnance du 25 décembre 1819. Le 3 septembre 1820, le conseil en demanda vainement la suppression. Le 17 juin 1821, il renouvela le même vœu « considérant, dit la délibération, que les mesures sont prises et les moyens assurés pour faire du collège de Nevers, à compter de 1822, un collège de plein exercice et les frais des bourses communales entretenues jusqu'à présent au collège royal de Bourges forment double emploi avec la dépense que la ville de Nevers fait pour son propre compte. Considérant que cet établissement n'obtiendra de prospérité qu'autant qu'il sera érigé en collège de plein exercice, qu'il ne deviendra tel qu'en y créant une chaire de philosophie et en assurant un traitement au professeur de cette chaire, devenue nécessaire depuis qu'une ordonnance du Roi ne permet pas qu'on soit admis à aucune école de droit, de médecine ou autres écoles spéciales, sans un diplôme attestant que l'élève a fait ses études de rhétorique et de philosophie; que cette création d'une chaire de philosophie doit influer d'autant plus avantageusement sur la restauration du collège de Nevers et faire espérer qu'elle lui attribuera des élèves, que le petit séminaire ne possède pas de chaire semblable et que les autres collèges du département n'en ont pas non plus et ne peuvent pas en avoir ».

Il fut décidé qu'à l'avenir le collège comprendrait un principal qui serait chargé de faire le cours de philosophie, et recevrait 2.000 fr., sept professeurs à chacun desquels étaient attribués des appointements de 1.200 fr. ; parmi eux, un devait avoir le titre de sous-principal et recevoir un supplément de 300 fr. En outre, un prêtre, avec le titre d'aumônier, recevrait 300 fr. ; 400 fr. étaient alloués au portier ; une somme annuelle de 300 fr. était affectée à l'acquisition des prix ; on estimait à 400 fr. l'entretien des bâtiments. Le budget de l'établissement se trouvait ainsi fixé à 12.100 fr.

Le vendredi 3 novembre 1820, à l'occasion de la naissance du duc de Bordeaux, après un *Te Deum*, il fut distribué aux indigents, à la porte du collège, 240 bouteilles de vin et 500 livres de pain blanc.

Le 24 septembre 1821, Tabary fut remplacé par l'abbé Martial Fouquoire, bachelier ès lettres, précédemment principal du collège de Troyes, qui, en même temps, occupa la chaire de philosophie. Des six professeurs chargés des classes de latin, quatre étaient bacheliers ès lettres ; les deux professeurs de seconde et de troisième avaient le titre de licencié ès lettres : Planche, chargé du cours de mathématiques, était bachelier ès sciences. Cependant, le nombre des élèves déclina de nouveau ; nous ne trouvons plus en 1823 que 20 pensionnaires, 14 demi-pensionnaires, 30 externes payants et 12 gratuits.

Des difficultés ne tardèrent pas à surgir entre le nouveau principal et les parents de certains élèves, aussi la municipalité résolut de se débarrasser de Fouquoire, et, au mois d'octobre 1823, décida de confier le collège exclusivement à des prêtres séculiers. On choisit comme principal le chanoine Louis Robinot, qui, avant la Révolution, avait occupé la chaire de seconde dans le même établissement. Tous les anciens professeurs furent remerciés ; tous les nouveaux furent des ecclésiastiques, à l'exception de Jean Boyral, répétiteur de mathématiques à Bourges, qui, le 27 février 1825, avec l'assentiment de l'évêque, fut nommé professeur de mathématiques (1).

Les bourses de Bourges ayant été supprimées en 1823, le conseil municipal fonda, pour la première fois, le 2 avril 1824, des bourses dans le collège de Nevers, savoir : une bourse entière, deux demi-bourses et les trois quarts d'une bourse pour la somme totale de 1.375 fr. Les finances de la ville s'améliorant de plus en plus, à la même époque on supprima le droit de collège de 50 fr. ; on dépensa 600 fr. en acquisition de mobilier et 8.000 fr. en restauration des bâtiments, afin de les mettre en état de pouvoir recevoir 50 pensionnaires, et on augmenta les traitements des professeurs (2).

En 1826, le chanoine Robinot se démit de ses fonctions. Il eut comme successeur le chanoine Rouchauce. « Développer les talens, disait-il dans le prospectus qu'il adressa aux parents, former les caractères, jeter dans des âmes encore neuves et point souillées par l'habitude du vice le germe précieux de toutes les

---

(1) Voici ce qu'écrivait au maire le recteur de Bourges, en annonçant la nomination de Boyral : « Ses principes religieux et politiques ne laissent rien à désirer ; il est d'une grande simplicité et peu formé aux usages du monde ; il a aussi un peu l'accent *rouergat* qui paraîtra un peu *étrange* les premiers jours, mais il fera oublier, je l'espère, ces légers défauts par ses bonnes qualités ; il est, du reste, une *tête carrée* très propre aux mathématiques ».

(2 Archives de Nevers.

vertus, qui doivent concourir au bonheur général et particulier des hommes, tel est le grand objet de l'éducation, tel est aussi le but vers lequel nous dirigerons constamment nos efforts ».

Jusqu'alors les élèves avaient assisté aux exercices religieux de la paroisse Saint-Pierre ; en 1829 fut décidée la construction d'une chapelle spéciale pour la maison, les plans en furent approuvés par le conseil municipal le 26 octobre ; quelque temps après, les travaux furent adjugés pour le prix de 4.050 fr. Cependant cette érection se fit attendre longtemps, la bénédiction de la chapelle ne fut effectuée qu'au mois de décembre 1839.

La Révolution de 1830 devait naturellement apporter des changements à cet état de choses. Dès qu'elle fut connue à Nevers, on jugea que le maintien des ecclésiastiques était difficile. Le 4 août, le président de la commission provisoire écrivait au principal : « La commission municipale provisoire de la ville de Nevers vient d'apprendre que quelques inquiétudes auraient été semées sur l'existence et le maintien de votre établissement et elle me charge, en conséquence, de vous rassurer à cet égard. Je m'empresse donc de le faire, afin de dissiper tous les bruits mensongers et je vous déclare au surplus que l'administration prendra toujours sous sa protection toute particulière un établissement aussi utile que le vôtre et que vous administrez à la satisfaction générale ». Mais les ecclésiastiques qui se trouvaient au collège, comprenant quel changement venait de s'opérer, adressèrent leurs démissions les 17 et 23 septembre et quittèrent immédiatement la maison. La rentrée des classes devait s'effectuer le 20 octobre, il fallut réorganiser l'établissement dans ce court espace.

Le 3 octobre fut mis à la tête du collège Thomas

Lefebvre, principal du collège de Cosne, bachelier ès lettres et ès sciences, officier d'académie. « Le nouveau principal, disait-il dans le prospectus qu'il adressa pour annoncer sa nomination, qui compte déjà vingt ans de services non interrompus, va faire tous ses efforts pour que le collège de Nevers prenne rang parmi les écoles universitaires, où les études sont fortes, la discipline sévère, sans être dure ; les principes de religion et de morale mis en pratique ; mais il n'oubliera pas surtout que les jeunes élèves confiés à ses soins, affranchis enfin de l'ilotisme dont les menaçait un régime abrutissant, deviendront un jour des citoyens, et que, de bonne heure, ils doivent apprendre à respecter les lois, dont on pourra maintenant leur parler sans craindre de passer pour séditieux, à chérir les institutions du pays et à unir dans leurs vœux pour la prospérité et la gloire de la France, le nom du prince citoyen, du roi honnête homme que leurs pères ont placé sur le trône ». Désormais, tous les professeurs furent des laïques.

Le 17 janvier 1831, des désordres se produisirent dans le collège à l'occasion desquels le maire prenait l'arrêté suivant : « Considérant qu'à la suite de graves désordres, plusieurs élèves ont quitté le collège, qu'il importe que les élèves qui ont commis cet acte d'insubordination rentrent promptement dans le devoir et que ceux qui persévéreraient soient exclus d'un établissement qui ne peut se maintenir que par l'ordre et la discipline intérieure ; Avons arrêté et arrêtons ce qui suit : Article premier : Les élèves absens momentanément du collège par suite de l'insurrection qui a eu lieu ce matin dans cet établissement, sont tenus de rentrer de suite dans ledit établissement. — Art. 2 : Tout élève qui ne sera pas rentré aujourd'hui, avant six heures du soir, sera rayé de la liste des élèves du collège (1) ».

Le dimanche 1er mai de la même année eut lieu la délivrance aux élèves d'un drapeau tricolore, qui avait coûté à la ville la somme de 282 fr. Au fond de la cour, sous les arbres, avait été dressé un arc de triomphe, sous lequel était placé le buste de Louis-Philippe. La musique de la garde nationale se fit entendre, le maire prononça un discours, le professeur de rhétorique lut une poésie.

Jusqu'alors le pensionnat avait été administré par le principal à son compte personnel, la ville se bornait à allouer une somme fixe ; le prix de la pension était établi par le conseil municipal, le principal encaissait le bénéfice ou soldait le déficit. Le 19 février 1832, la proposition fut faite au conseil que le collège fût à l'avenir complètement régi pour le compte de la ville. Cette proposition fut votée le 17 mai et immédiatement approuvée par le ministère. Ce nouveau régime commença à la rentrée scolaire de l'année 1832 (2).

A la même époque, Thomas Lefebvre, se sentant incapable de résister à certaines attaques auxquelles il était en butte, remit sa démission entre les mains de la municipalité. Il eut comme successeur Thomassin, également principal du collège de Cosne, qui, pendant dix ans, avait été censeur adjoint au collège Louis-le-Grand.

Le préfet, par une circulaire adressée à ses administrés, leur faisait connaître ce changement et les engageait vivement plutôt que de « s'imposer le douloureux sacrifice d'exiler leurs enfans », à les envoyer

(1) Archives de Nevers.
(2) *Ibid.*

au collège de Nevers ; les éloges qu'il y adressait au nouveau principal étaient mérités, le choix avait été excellent. Cependant, malgré les sommes que la ville consacra à soutenir cet établissement, les premières années furent difficiles et les résultats trompèrent l'espérance que l'on avait conçue. L'instruction était bonne, le principal s'acquittait avec zèle de ses fonctions, mais, pendant un temps assez long, le nombre des élèves n'augmenta pas d'une manière sensible. C'est qu'on avait à lutter contre une terrible concurrence. L'abbé Rouchance avait laissé la réputation d'un bon directeur de maison d'éducation. Dès 1831, il songea à fonder une institution à Nevers ou à Varennes, près Nevers. Sur les instances du conseil municipal et du recteur de l'académie de Bourges, l'autorisation lui fut refusée le 20 septembre 1831.

En 1834, il fut nommé directeur du petit séminaire que l'évêché établit à Corbigny et emmena avec lui plusieurs ecclésiastiques, anciens professeurs au collège. Dès lors, les fils des familles ayant gardé des principes religieux ou manifestant des opinions contraires au gouvernement existant, affluèrent à Corbigny au détriment du collège de Nevers.

Nombreuses sont les plaintes adressées à ce sujet soit par le maire, soit par le principal ; continuellement, pendant plusieurs années, ils signalent à l'autorité supérieure les infractions ou prétendues infractions commises par l'école ecclésiastique de Nevers et par le petit séminaire de Corbigny. Le 9 décembre 1834, Guizot, ministre de l'instruction publique, écrivait au maire : « Je suis toujours décidé à ne tolérer, sous aucun prétexte, un abus qui pourrait compromettre l'existence du collège de Nevers, pour lequel la ville fait de nombreux sacrifices. Il est résulté des renseignements officiels qui me sont parvenus qu'aucune contravention ne pouvait être constatée et que, en conséquence, il n'y avait nulle décision à prendre relativement au petit séminaire de Nevers... Je désirerais, Monsieur le Maire, que vous voulussiez bien me transmettre à cet égard, des renseignements précis et détaillés.

« Cet état de choses affligeant pour la ville, qui ne pourrait pas soutenir plus longtemps un aussi lourd fardeau, dit le maire, est la conséquence du collège de Corbigny, autrefois petit séminaire de Nevers. Je vous ai signalé souvent cet établissement, Monsieur le Ministre, comme un obstacle permanent à la prospérité des collèges, non seulement de la ville de Nevers, mais encore des autres villes du département, qui sont dans l'impossibilité de résister à la concurrence. L'esprit de corps du clergé engage les prêtres et curés des communes à déprécier le collège de Nevers au profit du soi-disant petit séminaire de Corbigny ».

De son côté, le principal écrit : « Si le nombre de nos élèves ne s'accroît pas plus vite, cela tient à un établissement rival, vers lequel on se porte, non pas par haine pour nous, mais les uns par esprit de coterie, les autres par motif d'économie ». Et le 24 décembre 1835 : « J'ai signalé l'établissement de Corbigny comme un obstacle à la prospérité du collège de Nevers. Si c'était un véritable petit séminaire, il ne nous nuirait pas, mais il n'en a que le nom. On se sert de ces mots « Petit Séminaire » comme d'une enseigne sur laquelle on lirait : « Le fisc n'a pas de droits ici pour la rétribution universitaire. Inspecteurs généraux et inspecteurs d'académie, défense à vous de fouler le seuil de cette maison : nos études sont des études sacrées et qui n'ont rien de commun avec l'enseignement profane de vos collèges. Nous, qui commandons ici, nous sommes des êtres privilégiés, et nous agissons suivant notre volonté ». Je suis persuadé, moi, que cet établissement n'a été érigé que par envie, par jalousie contre le collège de Nevers » (1).

Dans cette situation, on implora le secours du département. Au mois d'août 1835, la commission des finances du conseil municipal déclarait qu'il fallait abandonner le système de la régie, si l'on n'obtenait pas du Conseil général la création de bourses départementales. Un rapport et une demande furent présentés à cet effet au Conseil général qui, en 1835, refusa cette subvention par douze voix contre dix. La proposition fut reprise l'année suivante et obtint un plein succès. Le Conseil général vota une somme de 6.250 fr. pour la création de vingt-cinq demi-bourses au collège, une par chaque canton du département.

Cette subvention permit à la ville de consacrer chaque année des sommes plus considérables en améliorations dans la maison, telle que la création d'une chaire de français et, dès lors, les progrès du collège devinrent plus rapides. Successivement, les années suivantes, furent fondées une chaire de physique, une seconde chaire de mathématiques et une chaire d'histoire.

Le 12 juillet 1839, le recteur de l'académie de Bourges écrivait au maire en insistant sur la nécessité d'avoir un aumônier attaché à l'établissement : le 10 novembre suivant, l'Évêque de Nevers appelait à cette fonction l'abbé Lebrun, destiné à devenir le premier proviseur du lycée de Nevers.

Une ordonnance du 20 décembre 1842 autorisa, sur la demande du conseil municipal, la ville de Nevers à annexer des cours d'instruction primaire supérieure à son collège communal.

(1) Archives de Nevers.

M. Manuel, député de la Nièvre, fonda, en 1845, un prix d'honneur qui, pour la première fois, fut décerné à Sébastien-Charles Fichot, et en 1855, à M. Achille Millien.

Au lendemain de la Révolution de 1848, les élèves écrivirent la lettre suivante : « Aux citoyens conseillers municipaux de la ville de Nevers, les élèves du collège. Salut et respect. Au moment où la Patrie renaissante reçoit de tous ses enfants des preuves de dévouement et d'héroïsme, les jeunes gens des collèges, sur lesquels elle fonde son espoir, ne doivent point paraître moins zélés pour la servir. Une idée généreuse a surgi de nos cœurs ; cette pensée, nous l'avouons sans détour, nous a été inspirée par le bel exemple de nos condisciples de Salins, et nous voulons du moins, en les imitant sans retard, conquérir l'honneur de marcher les premiers sur leurs traces.

» A la fin de chaque année scholaire se célèbre au collège une fête solennelle, où des prix sont décernés à ceux que favorisa la Victoire dans l'arène scientifique et littéraire. C'est, messieurs, la somme ordinairement consacrée par vous à l'achat des prix, que nous désirons offrir en don à la Patrie. Les sauveurs de la France, aux derniers jours des Rois, n'ont pas trouvé en nous des concitoyens indifférents et égoïstes. Aujourd'hui, la Patrie semble réclamer une nouvelle offrande à nos cœurs généreux, et nous lui sacrifions cette somme avec bonheur et désintéressement. Car aucun de nous ne regrettera la belle récompense qu'elle nous aurait procuré ; une couronne verte nous suffira, comme aux anciens triomphateurs, et même, quand on en ceindra nos fronts, nous serons plus heureux et plus fiers, en pensant qu'Hésiode et Pindare n'eurent jamais d'autres trophées.

» Nous espérons donc, honorables citoyens, vous,

dont le patriotisme nous est connu, que vous accéderez sans peine à cette demande, qui prouve notre amour pour la France, et le désir que nous avons de la voir grande, forte et belle, comme elle seule peut l'être.

» Nous attendons votre réponse, et nous vous prions, Messieurs, d'agréer d'avance les remerciemens et les sentiments respectueux des élèves du collège de Nevers (1) ».

Cette proposition fut acceptée, tous les élèves cependant ne furent pas privés des livres qu'ils avaient mérités, le préfet de la Nièvre ayant fait distribuer des volumes aux premiers élèves de chaque classe.

L'épidémie cholérique, qui sévit avec tant de violence en 1849, enleva deux professeurs du collège, Eysenbach, professeur d'histoire, et Berthé, régent de cinquième. Une aventure arrivée au professeur de philosophie, en 1851, l'obligea à prendre un repos momentané. Le choix de son remplaçant tomba sur un jeune homme appelé à la célébrité, Hippolyte Taine. Mais ses appréciations sur certains événements historiques ayant été dénoncées à l'autorité supérieure, il dut bientôt quitter Nevers. Une tradition locale veut qu'un fait qui se produisit pendant son séjour, et qu'il raconta à Edmond About, ait fourni à ce dernier la première idée de son roman : *Le Cas de M. Guérin*.

En 1857, Thomassin fut remplacé par l'abbé Lebrun, aumônier depuis 1839. Le collège avait progressé sensiblement sous son administration : à son entrée, il avait 32 élèves internes ; en 1855, on en comptait 150.

La question de la transformation du collège com-

(1) Archives de Nevers.

munal de Nevers en collège royal ou en lycée était restée à l'ordre du jour depuis 1812. Le 18 septembre 1831, le conseil municipal, après avoir entendu les observations du maire, qui lui présenta un devis approximatif des dépenses que ce changement pourrait-occasionner, émit « le vœu formel que le collège de la ville de Nevers soit converti en collège royal... attendu que le changement proposé est désiré par les meilleurs esprits ; qu'un collège royal, placé dans une ville, chef-lieu de département, tel que celui de la Nièvre, remarquable par son étendue et son industrie, ne peut manquer d'atteindre en peu de temps à un haut degré de prospérité, que la situation de la ville de Nevers, la salubrité de son climat, l'importance de sa population et les ressources qu'elle offre en tous genres la rendent éminemment propre à recevoir' un pareil établissement ». Le principe d'un emprunt de 31.000 fr. fut voté et le préfet voulut bien se charger d'aller lui-même appuyer ce vœu à Paris. Ses efforts n'eurent aucun succès.

De nouvelles démarches échouèrent pareillement en 1839. Le 7 août 1840, le bureau d'administration demanda « la conversion du collège en collège royal ». Le 28 du même mois, le Conseil général exprima le même vœu en se basant sur « la bonne tenue du collège de Nevers, la distinction de ses professeurs, les progrès et la force de ses élèves, la beauté du local qu'il occupe ».

La question fut reprise sous le second Empire. Le 19 décembre 1853, le ministre de l'instruction publique et des cultes écrivait au recteur de l'académie : « La ville de Nevers, à raison de l'importance de son collège et de la population de l'arrondissement dont elle est le centre, peut légitimement prétendre à l'obtention d'un lycée ».

Le 27 août 1859, le conseil municipal renouvela la demande de la création d'un lycée, et décida, pour l'agrandissement du collège, ainsi que le demandait l'État, l'acquisition de l'hôtel de Bourgoing, sis rue du Collège. Le 17 septembre 1860 était signé un traité provisoire entre le maire et M. de Bourgoing. Pour venir en aide à la ville, le Conseil général, par ses délibérations des 25 août 1859 et 30 avril 1860, lui attribua une subvention de 150.000 fr.

Un décret impérial du 22 octobre 1860 déclara le collège de Nevers lycée impérial. Un autre, du 24 avril 1861, autorisa la ville à « acquérir de M. Pierre-Adolphe de Bourgoing, moyennant le prix de 110.000 fr., et aux clauses et conditions énoncées dans la promesse de vente du 17 septembre 1860, une maison, avec dépendances, située à Nevers, rue du Collège, pour servir à l'agrandissement du lycée ».

Cette acquisition fut régularisée par acte passé devant Me Bouquillard, notaire à Nevers, le 12 juillet 1861.

Pour faire face aux dépenses qu'occasionnait ce transfert, une loi du 18 mai 1861 autorisa la ville à contracter un emprunt de 150.000 fr.

Le collège de Nevers avait vécu. Le lycée eut comme premier proviseur l'abbé Lebrun, qui avait été successivement aumônier et principal.

Edmond DUMINY.

APPENDICE

1578. — *Accord entre les échevins de la ville de Nevers et les Jésuites du Collège de Nevers concernant des maisons voisines de cet établissement.*

Note du roy et du duché de Nyvernois. Furent présens honorables hommes Pierre Guillaume, Hugues Decolons, Jehan Delaigle et Pierre Le Sage, eschevins de la ville de Nevers, lesquels..... de leur bon gré, pour eux et leurs successeurs, eschevins de lad. ville, en ensuyvant la délibération prise en l'hostel commun d'icelle ville, par les vingt-quatre conseillers d'icelle, le jour du dymanche vingt-quatrième jour de novembre l'an mil cinq cens soixante-dix-sept, et aultre délibération précédente pour le faict qui s'ensuit, et ce pour les mesmes considérations qui les ont já meuz et conduïtz au bien et proffict du collège de ceste ville de Nevers, appartenant à présent à ceulx de la Compagnye du nom de Jésus, ont ceddé, délaissé et transporté, et par ces présentes ceddent, délaissent et transportent à perpétuel à Monseigneur et Madame, duc et duchesse de Nevers, absens ; M^{res} Jacques Bolacre, Gilbert Decury et Guy Coquille, lieutenant, avocat et procureur généraux de Nivernoys, aïans de ce charge expresse de mesd. seigneur et dame, présens, stipullant et acceptant cest assavoir toutte la part et portion qu'ils avoient réservée par le premier contract de cession et démission des maisons du collège par eux ou leurs prédécesseurs faicte à mesd. seigneur et dame, et les maisons acquises par mesd. seigneur et dame au proffict d'eulx ou leurs prédécesseurs, pour y enseigner les abécédaires, le tout à l'endroit et du côté des classes dud. collège, à prandre de la muraille neufve faisant séparation de la grande court du costé des

Pères et Frères de lad. Compagnye jusques aux rues des Fangeats et de Mirangron, sans aucune chose pour eux en
réserver, à la charge toutes foys de faire instituer, instruyre
par ceulx de lad. Compagnye du nom de Jésus la jeunesse
ès bonnes lettres, ainsi qu'il est porté par lesd. prémières
lettres de cession et démission faictes à ceste seulle contemplation et du bien qu'ils en espèrent recepvoir à l'advenir
pour la bonne et saincte institution de la jeunesse, et par ces
memes présentes lettres Bolacre, Decury et Coquille, pour
et au nom de mesd. seigneur et dame, ont délaissé et transporté aux Pères recteur et aultres de lad. Compagnye de
Jésus, en acroissement des maisons et jardins jà par cy-
devant à eulx donnez par mesd. seigneur et dame, et pour
l'espérance qu'ils ont des bien et singulier proffict que leurs
subjectz recepvront à l'advenir en l'institution de leurs enfans
..aux bonnes lettres, meurs et discipline, tout et tel droict,
part et portion dud. collège, de laquelle lesd. eschevins
leur ont présentement faict cession affin que lesd. Pères
recteur et aultres de lad. Compagnye de Jésus aient meilleure
volonté de s'employer en l'institution et enseignement de lad.
jeunesse, prandre et recepvoir pensionnaires, instruyre les
abécédaires par eulx, ou par aultres, capables et suffisans
personnages desquels..... principal, régens et abécédaires,
lesd. Pères recteur et aultres de lad. Compagnye, auront le
gouvernement et superintendance, et dépendront entièrement d'eulx quant aux bonnes meurs et lettres, et se fera
selon les constitutions et manière de faire de ceulx de lad.
Compagnye de Jésus, après toutes foys, pour la commodité
desd. fondation et institution des abécédaires, mesd. seigneur
et dame auront acquis deux maisons joignant lesd. classes,
l'une appartenant à Aignen Méliart et Jehan (*blanc*), l'autre
à Pierre Ferré, pour apprés leur en estre faict don, cession et
transport par mesd. seigneur et dame, moyennant aussi que
lesd. eschevins, pour eulx et leurs successeurs, eschevins, ont
promis païer, bailler et délivrer par chascun an, ou faire

païer par leurs recepveurs présens et advenir la somme de cinquante esculz, revenant à cent cinquante livres, en contemplation de l'institution des abécédaires, le paiement de laquelle somme se fera à troys termes esgaulz, savoir : aux premier octobre, premier de febvrier et premier de juin ; le premier terme et payement commençant au premier jour d'octobre prochainement venant, et continuer le payement de termes en termes, tant et si longtemps que lad. institution durera, et à ce ont, lesd. eschevins, obligé et affecté spéciallement tout le revenu patrimonial de lad. ville, et oultre a esté par exprès accordé que mesd. seigneur et dame rendront lesd. maisons quictes et déchargées de toutes charges quelconques, sans que lesd. Pères recteur et aultres de lad. compagnye de Jésus y soient aucunement tenus, lesd. Pères et aultres de lad. Société de Jésus, par Père Michel Nolet, recteur, et Père Jacques Doiye, préfet des études, présens et acceptant les choses susdites pour eulx et aultres de leur Société. Car ainsi, etc. Fait en la ville de Nevers, le deuxième jour du moys d'aoust, l'an mil cinq cens soixante-dix-huit. Ainsi signé : Bolacre, Decuzy, Coquille, Michel Nolet, Jacques Doiye, Guillaume, Decolons, Délaigle et Le Sage.

(Archives de Nevers, BB 19).

1597. — *Traité entre les échevins de Nevers et le principal du Collège*

Personnellement establis honorables hommes Gilbert Dyen, Charles Carpentier, Jehan de Corbigny et François de Saulieu, eschevins de la ville de Nevers, et Mr Jacques Marquel, procureur du faict commung de lad. ville, assistés de noble Cristofle de la Chassaigne, président en la chambre des comptes, etc., et Me Arnault Regnault, maitre es arts et licencyé en droit canon, chanoine de Nevers, à présent demeurant en ceste ville de Nevers, d'autre part, lesquelles partyes respectivement de leur propre et libre volonté, mesme lesd. sieurs eschevins assistés comme dessus et suivant la délibération aujourd'hui faitte en la salle de l'hostel commung de lad. ville par les vingt-quatre conseillers et aultres notables d'icelle, ont fait et passé entre elles les pactions, promesses et obligations qui s'ensuivent. C'est, assavoir que led. sieur Regnault a promis et promet par ces présentes de prendre les charge, principaulté et esconomye du collège de lad. ville de Nevers, pour le temps et espace de dix années, commençant au premier jour d'octobre prochain et finissant à tel et semblable jour lesd. dix années fynies et passées ; pendant et durant lequel temps led. sieur Regnault a promis de entretenir quatre régens ydoines et capables pour enseigner et instruire la jeunesse aux lettres humaines, scavoir ung premier, second, troisième et quatrième et oultre plus ung chappellain, qui enseignera par mesme moiyen les petis abécédaires, lesquels régens led. Regnault sera tenu de nourrir, entretenir et gaiger à ses frais et dépens, moyennant ce qui sera cy après déclaré ; oultre a promis que, dès lors qu'il se trouveroit des escolliers prés et capables pour estre instruits en philosophie, de faire leçon et lecture une heure du jour ; plus, de faire dire et célébrer chascun jour la messe ordinaire, dire vespres le sabmedy, et le dymanche la messe et vespres, le tout à la fasson de faire accoustusmée, où assisteront les escolliers, et faire lesson de catessisme audit jour de saint dymanche, le tout moyennant le pris et somme de trois cens escus par chascun an, payables de six moys en six moys, par advance, et oultre ce, demeurera aud. sieur Regnault le revenu de la prébende préceptorale de ceste ville de Nevers, montant à quarante escus par an. Sera tenu led. Regnault de prandre et se charger par inventaire des ornemens de la chapelle dud. collège et des livres et meubles estans aud. collège, pour les randre en fin desd. années en mesme espèce encores qu'ils ne fussent de mesme valeur. Plus, que luy seront délivrés à la charge de en user par led.

sieur Regnault comme ung bon père de famille. Et sera tenu
led. sieur Regnault présenter ausd. sieurs eschevins et procureur du faict commung les régens qu'il vouldra establir aud.
collège, sur lesquels la supériorité appartiendra aud. sieur
Regnault, ensemble la destitution. Et demeurera led. Regnault franc et deschargé de toutes charges et subsides qui
seront imposés et despartys sur les habitans de lad. ville de
Nevers, mesme de l'entrée du vin et aultres denrées qu'il
acheptera pour la provision dud. collège. Sera led. sieur
Regnault tenu à aucunes réparations des bastimens dud.
collège, de la somme d'un escu pour une foys. Et à l'accom-
plissement, etc. Faict en l'hostel commung de lad. ville, après
midy, le quinzième jour de juillet mil cinq cens quatre-vingts
et dix-sept, etc.

(Archives de Nevers, BB 20).

An VI. — *PROGRAMME du cours de physique expérimentale à l'école centrale de Nevers*

Le citoyen Duchesne, professeur de physique et de chimie
expérimentale à l'école centrale du département de la Nièvre,
ouvrira le cours de physique le 2 thermidor an VI. Ce cours
durera une année ; l'année suivante il fera celui de chimie,
conformément au règlement de cette école. L'ouverture se
fera par un discours préliminaire sur la physique et les avantages qu'on en retire. Il sera divisé par parties qui se succé-
deront les unes aux autres ; on commencera par l'étendue et
la divisibilité des corps, ensuite le mouvement et ses lois,
l'hydrostatique, la méchanique, l'air, ses effets, l'eau consi-
dérée comme fluide, sa décomposition, son état de vapeur,
celui de condensation et les météores aqueux, le feu, la
lumière, la catoptrique, la dioptrique, l'astronomie, l'aimant,
l'électricité et les météores enflammés.

Les parties qui ont du rapport avec l'art de guérir, telles
sont l'air, le feu, l'aimant et l'électricité, y seront traitées en
faisant l'application aux maladies où ils conviennent et les

différents procédés qu'il faut employer, suivant les différentes circonstances, seul moyen d'en éviter les inconvéniens et d'en tirer de grands avantages en médecine. La physique, ayant pour objet de nous dévoiler les secrets de la nature, a des rapports avec toutes les sciences ; elle fait une partie principale de la grande chaîne des connaissances humaines, et son étude a l'avantage d'être aussi agréable qu'elle est utile.

Les leçons seront le duodi, quartidi, sextidi et octodi de chaque décade, depuis 10 heures du matin jusqu'à midi.

Ceux qui voudront les suivre s'inscriront chez le citoyen Duchesne, à l'école centrale, à Nevers.

Le traitement par l'électricité médicale qui se fait chez le citoyen Duchesne se fera tous les jours de leçons, depuis midi jusqu'à une heure, à l'issue de la leçon, pour que les personnes qui suivent le cours de physique puissent avoir des connaissances sur cette partie. Il y aura un registre où sera décrit l'état de chaque malade, le traitement qui lui est administré, les progrès de la guérison et la terminaison.

Les malades n'y sont admis qu'après s'être présentés au citoyen Duchesne, qui examinera si ce genre de traitement peut leur être utile.

Signé : DUCHESNE.

(Archives de la Nièvre).

1812. — *RÉGLEMENT du collège de Nevers en 1812*

ARTICLE PREMIER. — *De l'ouverture des classes.* — Les classes s'ouvriront le matin à huit heures et continueront jusqu'à dix heures. Le soir, depuis la Toussaint jusqu'à Pâques, elles s'ouvriront à deux heures et demie et finiront à quatre heures et demie ; après Pâques, elles s'ouvriront à trois heures et finiront à cinq heures. La cloche donnera le signal du commencement et de la fin des classes. La classe des leçons de mathématiques s'ouvrira à dix heures un quart et durera jusqu'à onze heures trois quarts. Le jeudi de chaque semaine, il y aura une classe pour les mathématiques, qui devra durer deux heures. M. le régent indiquera l'heure qui pourra le mieux convenir.

Art. 2. — *De la cour des classes.* — La grille de la cour des classes ne s'ouvrira qu'au signal de l'ouverture des leçons publiques. Après le signal donné, aucun élève ne doit rester à la porte extérieure du collège. Tous les jeux et exercices bruyants et tumultueux sont interdits. Il est défendu expressément de jeter des pierres dans les cours et par-dessus les murs de l'enceinte. Toute infraction à cette défense sera sévèrement punie. Tout écolier sorti des classes pour quelque besoin et qui sera surpris à s'amuser ou troubler les leçons des autres classes, sera puni.

Art. 3. — *De la tenue des écoliers dans les classes.* — Les élèves viendront en classes décemment vêtus ; ils ne seront pas admis en veste ronde, l'usage des sabots est proscrit dans l'intérieur des classes. La classe du matin et du soir commencera et finira par la prière ordinaire et à genoux ; le premier de chaque classe sera chargé de ce soin. Les écoliers observeront le plus grand silence pendant les leçons de la classe. MM. les régents sont autorisés à punir sévèrement toute infraction à cet égard, et, dans le cas d'indocilité, ils en feront le rapport à M. le principal, qui pourra condamner à une punition exemplaire.

Tous les samedis, le régent de chaque classe en fera la visite, pour constater l'état des lieux et des bancs. Les dégâts seront réparés aux dépens de celui qui les aura commis. Ceux qui auront écrit sur les murs ou gravé leurs noms sur les bancs, outre la réparation du dégât, seront punis d'une amende d'un franc par nom. Quand le dégât aura été fait méchamment, outre les frais de réparations, il sera infligé au coupable une punition en raison du délit. Si les auteurs du délit n'étaient pas connus, tous les élèves de la classe en seront responsables. MM. les régents sont chargés de l'exécution de cet article, chacun dans sa classe respective.

Le régent de chaque classe nommera un censeur, qui surveillera les écoliers pendant son absence et fera rentrer la classe, s'il ne pouvait pas se trouver à l'heure de l'ouverture. Les écoliers, dans les classes, seront placés suivant le rang que leur assigneront leurs devoirs de composition. Le censeur sera placé au-dessous de la chaire du régent, le premier à la première place sur le banc à droite, le second sur le banc à gauche, à la première place, et ainsi de suite, tellement que tous les nombres impairs soient placés à la droite et les nombres pairs à la gauche.

Les écoliers seront tenus d'avoir chacun leurs livres, leurs plumes et leur encre. La sortie se fera sans tumulte. Le censeur est chargé de fermer la porte et les contrevents de la classe.

ART. 4. — *Des leçons et devoirs.* — MM. les régents donneront à leurs écoliers, matin et soir, des leçons à apprendre et des devoirs à faire, chacun selon l'usage ordinaire. Les leçons seront récitées par devant le régent ou les censeurs nommés à cet effet par lui et pris parmi ceux qui se distinguent par leur travail et leur bonne conduite. Tout écolier qui ne saura pas ses leçons, dans quelque chose que ce soit, sera puni une première et seconde fois ; s'il se met dans le cas d'être puni une troisième, il en sera référé à M. le principal pour la punition à infliger. Le censeur qui serait surpris n'être pas fidèle dans son rapport pendant sa place, pourra être puni selon le cas. Chaque élève est obligé de rapporter son devoir fait sur cahier et sur copie lisiblement écrit, autrement il sera puni suivant les circonstances. Il justifiera par un écrit par qui de droit, de l'exemption de ses leçons ou de son devoir, ainsi que de son absence aux classes publiques. Ceux des écoliers qui suivent le cours de leçons de mathématiques ne seront pas pour cela dispensés des devoirs et des leçons de leurs classes. On composera le vendredi de chaque semaine ; et, le lundi suivant, les places seront données d'après l'examen des devoirs. La liste des places, certifiée par M. le régent, sera portée à M. le principal, ainsi que les copies des premiers et des derniers. Il y aura des marques de distinction pour les premiers de chaque classe. Tous les trois mois, il sera fait une composition d'ensemble pour juger des progrès des élèves.

Exercices religieux. — Tous les écoliers seront conduits à la messe, après la classe du matin. Deux régents, chacun à son tour, les surveilleront à l'église dans les places qui leur seront assignées. Ils justifieront qu'ils s'approchent des sacrements, une fois tous les deux mois. Tout écolier sera tenu d'avoir un livre de prières et de lire dedans pendant la messe. M. le principal et les régents s'informeront si les écoliers assistent à l'office divin les dimanches et fêtes, et de leur tenue à l'église. Le Nouveau Testament étant déclaré livre classique par l'Université pour toutes les classes, tous les jours, depuis la quatrième inclusivement, il en sera donné en leçons quelques versets.

Surveillance extérieure sur les écoliers. — Les écoliers externes seront toujours soumis, même hors de la tenue des classes, à la juridiction du collège ; ses chefs conservent le droit de punir les fautes commises hors de l'enceinte contre la bonne conduite et le règlement de police intérieure Il est défendu aux écoliers d'aller dans les assemblées publiques, dans les cafés, les spectacles, sous quelque prétexte que ce soit.

RÈGLEMENT DE POLICE INTÉRIEURE POUR LE PENSIONNAT

ARTICLE PREMIER. — *Le lever.* — Le lever est sonné à cinq heures et demie. Aussitôt après le réveil, les élèves commenceront à s'habiller et feront entièrement leur toilette. Ceux qui ne peuvent pas partir au signal du départ, ou qui arriveront aux salles d'études sans être complètement habillés, seront punis. Pendant tout ce temps, on observera le silence. Au signal donné pour la sortie des dortoirs, les élèves se rendront, sans tumulte et en silence, dans les salles d'études, et chacun y prendra de suite sa place ordinaire, et la prière du matin se fera alternativement par chacun des élèves. Tous seront à genoux dans une posture décente et apporteront à cet acte religieux le respect qui lui est dû. Aucun élève ne doit sortir du dortoir avant le signal et sans permission.

ART. 2. — *Etudes du matin.* — Après la prière, salle d'études jusqu'à sept heures et demie. A sept heures et demie, toilette de propreté ; les élèves iront se laver les mains à la fontaine et rentreront de suite aux salles d'études, où ils recevront leur déjeuner. Pendant le déjeuner, récréation, mais sans tumulte, et sans la liberté de sortir de la salle sans permission.

Au signal pour l'entrée des classes publiques, les élèves quitteront le quartier pour se rendre dans la cour des classes, y attendre leurs régents respectifs, et seront soumis, ainsi que les autres, aux règles de police établies à cet égard dans le règlement général du collège. Au sortir des leçons publiques, et après la messe, les élèves se rendront de suite aux salles d'études, où il y aura un quart d'heure de récréation, qui devra se passer sans tumulte et sans sortir des salles. A dix heures et demie, salle d'études jusqu'à midi. Depuis midi jusqu'à une heure, étude pour les arts d'agrément, leçon d'écriture pour les autres. A une heure, le dîner. Les élèves, au signal donné pour le dîner, se rendront de suite au réfectoire, se placeront devant leurs couverts respectifs, et s'y tiendront debout et découverts, pour réciter avec le maître le *Benedicite*, après lequel ils s'assayeront sans tumulte et en silence. Il sera fait une lecture pendant le repas. Chacun des élèves lira à son tour, tandis qu'un autre élève veillera autour des tables, pour faire donner par les domestiques ce qui pourrait manquer aux élèves. On observera le plus grand silence. A la fin du repas, au signal donné, tous se lèveront, et, chapeau bas, on récitera les *Grâces*, comme pour le *Benedicite*. Nul ne doit quitter sa place avant le signal. Après le repas, récréation.

Art. 3. — *Etudes de l'après-dîner*. — À deux heures, l'étude pour les leçons. Au signal de l'entrée des classes publiques pour le soir, les élèves sortent sans tumulte de la salle d'étude et se rendent en classe. Après la classe du soir, les élèves rentrent de suite dans les salles d'études et y reçoivent leur goûter. Une demi-heure après, salle d'études jusqu'au souper, qui se fait à sept heures et demie ; après lequel la prière, suivie d'une lecture de piété, laquelle étant finie, les élèves se retirent en silence dans le dortoir, pour se coucher. Ils le feront le plus promptement possible. Chacun restera devant son lit en se déshabillant avec modestie et décence.

Art. 4. — *Jours de fêtes, de dimanches et de congé*. — Les jours de congé, les exercices auront lieu jusqu'à huit heures, comme dans les jours ordinaires. A huit heures, les élèves iront à la messe, après laquelle récréation jusqu'à neuf heures et demie. Salle d'études. A dix heures et demie, répétition de géographie et de mathématiques, ou de toute autre étude relative à l'instruction des élèves, jusqu'à onze heures et demie. Alors récréation jusqu'au dîner. Après dîner, la promenade, pendant laquelle les élèves ne pourront s'écarter hors de la vue de leurs maîtres et ne commettre aucun dégât, soit dans la ville, soit dans les campagnes où on pourrait les conduire, sous peine d'être punis très sévèrement au retour de la promenade. Etude à cinq heures, et la journée se terminera ainsi que les autres jours. Les dimanches et fêtes, les élèves, après le déjeuner, ont récréation jusqu'à neuf heures. A neuf heures, salle d'études jusqu'au dîner. Le soir, à deux heures, catéchisme jusqu'à vêpres, auxquelles assistent les élèves, après quoi goûter, récréation et salle d'études à cinq heures et demie.

Des exercices en particulier. — Exercices religieux. — D'après le règlement de l'Université, les élèves devront être instruits des pratiques de la religion et en pratiquer les devoirs. Tous les jours, après la prière du soir, il sera fait une instruction sur la religion, et deux fois par semaine l'explication du catéchisme. Le samedi soir et la veille des grandes fêtes, il sera fait une instruction sur quelque point de religion ou relatif à la solennité. Tous les élèves, dans le règlement général, devant justifier vis à-vis leurs professeurs respectifs qu'ils s'approchent des sacrements tous les deux mois, cette obligation sera encore imposée à ceux qui ne suivent pas encore les leçons publiques. Les mercredis, le samedi soir, le jeudi dans la journée, seront les moments indiqués pour remplir ce devoir religieux. Les dimanches et fêtes, on fera la revue de propreté avant de conduire les élèves à la messe ou aux vêpres.

Règles générales. — Les élèves ne pourront sortir du collège, à moins qu'ils n'obtiennent permission du principal et qu'ils ne soient réclamés par leurs parents ou leurs fondés de pouvoir. Les élèves ne pourront recevoir de lettres, ni en adresser sans qu'elles aient été vues par le principal. Ils ne pourront avoir d'autre argent que celui que leurs parents auront remis au principal pour leurs menus plaisirs, et qui le leur distribuera particulièrement les jours de congé, s'il est content d'eux. L'entrée de l'infirmerie sera interdite aux élèves en bonne santé, à moins d'une permission du principal. Tout élève doit être vacciné avant d'être admis dans le pensionnat. Aucun élève n'aura de chambre séparée. Tous les jeux et exercices dangereux, tous les jeux de cartes et de hasard sont interdits ; il est également défendu d'exposer de l'argent à quelque jeu que ce soit. Tout propos injurieux ou indécent sera rigoureusement puni. L'introduction de toute arme à feu et celle de la poudre à tirer, même en artifice, est interdite. Toute espèce de prêt et d'échange entre les élèves ne pourra avoir lieu qu'avec la permission des maîtres d'études.

(Archives de la Nièvre).

E. D.